目 录

三、处世

四、应验

前言

中华无跪礼

徐皓峰

“豪”原本不是好词，不受家乡父老管束的人为豪，豪贾——不守规矩的商人，豪杰——率众闹事者，豪侠——被驱逐的个人暴力者。

大乱之时，豪侠遍地，改朝换代后，成了时代新贵，顽劣子弟——豪侠——新生贵族，身份转换如水态三变。刘邦是个豪侠，带着一帮豪侠建立汉朝，汉朝初期是文化灾难。

另有一种侠，受人称道，民间记忆里，有贵族特征，不是草莽。他们就是贵族，朝廷上失败而流亡民间。因为有文化有手段，试图暗中掌控一个地方，惩恶除凶，为了夺权，间接主持了正义。

他们神龙见首不见尾，做一事便消失了，说明试验没成功，又去了他方。试验成了，就定居下来，隐迹藏形，转成了乡绅。

前两种侠，一旦成事，便脱离大众。不离大众的是第三类——拳师。传统中国不是法律惩罚型社会，是人情仲裁型社会，有了纠纷，不找官府，找行业外的第三方。

既然不是业内人士，不懂行怎么办？以人之常情评判就可以了，不是审理过程的是非曲直，仲裁的是结果，以谁也别太吃亏为标准。况且找仲裁人之前，矛盾双方往往已想好了退让的程度，借仲裁人的口来确定。

清朝承担仲裁的是走不上仕途的老秀才、告老还乡的老官员、镖局的老镖师。科举废除、满清推翻，老秀才老官员都不名誉了，镖局业、保镖护院业倒闭。火车运输量大、安全，挤垮了镖局。清末民初之际，官员普遍调用国家士兵给家里站岗，不再聘私人，保镖护院业失去了大宗雇主。

上世纪一十年代，北洋政府做现代化改革，不愿社会动荡，想延续仲裁阶层，选中了失业的武人，出钱出房，成立武术协会，实则是仲裁机构。

二十年代南京政府将武人收编到学校，成了西化教师。但社会需要仲裁，帮会顶了上来，杜月笙每天做的事是“茶叙”，一天赶六七场谈判，当仲裁人。三十年代的帮会已不太像帮会。

民间自发地形成仲裁阶层，证明北洋政府有远见，可惜是帮会做了武人的事，先天有问题，还需要时间转化。但历史没给时间，中日战争一爆发，社会结构全乱。

战争结束后，是一个既没有形成法律又失去人情的局面。人心紊乱，武人的传统形象被信任，再次充当起仲裁角色。

因为南京政府不再拨款，专业武术学校——国术馆倒闭，武人多在普通中小学当外聘体育教师，回到家，义务负责附近的纠纷，不关家门，谁都可以推门而入。

八十年代北京天津还有此遗风，胡同里搬来个会武术的老头，有事都找他。武人文相，因为大部分时间不是处理武林纠纷，是处理民事纠纷，带职业特征，笑眼眯眯，见了他的脸，人就消了三分火气。

武人的特征是“练拳的规矩大，见面就磕头”，在日渐西化的社会，武人之间保持着清朝礼节。

中华无跪礼，跪模仿的是唐宋的席地而坐。本是膝盖向前地跪坐，不是下跪。

坐着，上身伏一下为行礼，来客身份高，就伏得深，头部碰到席面。小津安二郎的电影《晚春》开篇，大拍特拍日本人家庭聚会的坐礼，一番唐宋风情。

明朝流行了桌椅，不再席地而坐，日常生活里没有下跪的事。祭孔子的时候下跪，也不是发明了跪礼，是模仿唐宋祭孔时席地而坐的旧貌。明朝人站成了习惯，站一会儿，席地坐一会儿，出现了“下跪”这个怪相。

下跪是祭孔时才有的事，明朝百姓向官员下跪，当官的不敢受，一定要跳开——下跪的用意是，我拿你当孔夫子尊重，你不能不主持公道。

下跪者不卑贱，受跪者忐忑，这是百姓的反抗方式。一旦出现了百姓下跪的事件，监察机构要核查这官员，当官的不敢让百姓跪。

清朝皇帝要享受孔子待遇，才出现官员跪成一片的事。不能光官跪，官员要求百姓跪，朝廷的怪象转到了民间。下跪毕竟不合礼法，于是从朝廷到民间开了许多不跪的活口。

秀才见官不跪，上岁数的人见官不跪。官员都是读书人选上来的，清朝皇帝聘皇子的教书先生时，要向孔子像、教书先生下跪，等于还了读书人的跪。跪是不明不白的事，拦跪成了礼节，拦着不让跪，是尊重的表示。

老舍话剧《茶馆》写晚清，人跟人见面相互拦，谁也不真跪，单腿跪的都没有。因为中华本无跪礼，人人别扭，相互配合着给取消了。

民国武人是明朝军官的后系，明朝灭亡后潜伏民间，一直要反清复明，所以保持明朝军礼，晚辈向长辈行礼，是军队下级向上级行礼的翻版。军人身有甲、头有盔，鞠躬、下跪、磕头都不方便，一般是两手在胸前抱拳，头向手俯一下，紧急时上半身也不动，作个手势就行了。

承袭军人礼节的武人也礼节简单，不料民国社会普遍废除了跪礼，武人却行起了跪礼。

保留着旧社会标志，因为新时代有业务。武人行跪礼，如同秀才留辫子，民国时，许多前清老秀才的经济收入，是给人在葬礼上题字，儿女再新潮，葬父母时就古老了，题字者留着辫子，才对得起父母，剪了辫子的老秀才没人请。

武人间彼此行跪礼，是给外人看的，形象传统，才好当仲裁人。旧时代遗迹，反而在新社会有信服力。

从武人看世道，百年求新，已不好改口，心里有着被新辜负的苦。

2014 年 2 月

一 称门

1. 泰山师兄

形意拳在清末民初大盛于北方，顶尖人物是李存义、尚云祥师徒，将形意拳称了形意门。汉朝豪族才称门，武人称门，千古未有。

李存义是1900年民间阻挡八国联军进京的一位领头大哥，率众歼灭了老龙头火车站的俄军，由此有了社会声望，是都市新生阶层——中国武士阶层的缔造者；1912年在天津成立中华武士会，替代衰亡的镖局，以办学授课、仲裁民事纠纷为主业，让武人继续成为都市结构的一分子。

武人称门，是平民称贵，因为不再是官府商家的附庸、军人的过渡，独立了，便有自尊。形意拳在晚清称门，八卦掌、花拳紧随其后称门，至民国，南北拳种都称了门。

尚云祥是李存义的贴身弟子，给师父挡死的。李存义上战场、入巷战均是尚云祥护在身后挡冷枪。挡死，也挡事。中华武士会开办之初，立了百日擂台，为服武行同道，为向市民宣传，尚云祥是擂主，铁打的营盘。

尚云祥的武行声望，是令人头疼的“上打三代、下打三代”的霸王，打成名长辈，打后起之秀，谁强打谁；是令人崇敬的形意门门神，在北京立形意拳名号四十年，奇迹般保持胜绩。

社会声望，是捉住大盗康小八的侠士，是“大刀向鬼子们的头上砍去”的大刀刀法的授刀人。1933 年，中国军队在喜峰口长城阻击日军，中式大砍刀对日军刺刀，肉搏战中获胜。

自鸦片战争以来，中方军队对抗外辱，是屡战屡败的定式。突如其来的胜利，令民众激昂，随后诞生《大刀进行曲》，传唱全国。

从中华武士会成立，即有军方聘请拳师的风气，由于刺刀生产不畅，部队会配发士兵砍刀，入军拳师基本都教过刀术，但民众把授刀人的荣誉归了尚云祥。

荣归最尊者，事件的档次高，大众有满足感。荣归尚云祥，人人想当然。

细究起来，尚云祥不是唯一，却是重要。喜峰口战役的主力部队二十九军，军官里山东人居多，军长宋哲元是山东乐陵人，尚云祥也是乐陵人，他去教，是支持同乡将才，教子弟兵的用心。

尚云祥传的，是形意刀法的简化，刀把造型和刀长尺寸，是形意刀型的简化。简化，为了一般人能使上劲。

教的不是招术，士兵比不了专业习武人，训练时长和天赋都有限，教招，就害了他们。战场上刺刀扎来，不能拆解，来不及，敌兵手快，一变向就扎死了你。

教的是劲，就像教人怎么用铲子铲土，教会用腰的劲，人就自己铲去了。战场上，减少反应时间、动作难度，才能生存。用劲，才是杀招——这路刀法还活生生的在，尚云祥门下继承着，后文再细说。

李存义有政治理想，跟清末政坛的北洋派系和革命党均有交涉，而尚云祥始终是纯粹的民间人物，危急时刻相随李存义左右，以武报恩，除此之外，一生避官如避祸。

6

旧时，武人有维持街面治安的义务，常走常遛，路见不平，要相助。在家，也常有人来叫："师父，快去看看吧。"

名声高了，官府捉拿盗贼，会礼聘协助，自己则言"受了军令"。尚云祥受过王夔的军令，王夔是世袭武官，先任右营都司，后任左营游击，负责京城治安。

王夔有个外孙叫李仲轩，跟家乡拳师唐维禄习武，将王家祠堂开了拳场，并打火炕让唐维禄带人入住。此举惹怒父亲，赶出家门，并登报声明，禁止北京天津的亲戚接济他。

唐维禄不知武将世家的禁忌，事发后内疚，说："好好的公子，跟我学拳，家都没了，一定让他成材。"尚云祥是形意门的王者，唐送他拜师尚云祥。

尚云祥不收，因为自己徒孙的年纪都比李仲轩大了，收他为徒，一门辈分就乱了。得知李的姥爷是王夔，尚云祥说："噢，王大人的外孙子。"破例收下。

尚云祥顾念旧情，但辈分乱了也是问题，要李仲轩发誓一生不收徒，辈分乱只乱一代一人，将来李过世，尚门的辈分便恢复正常。

李仲轩没收过徒弟，只在过世前三年，为报师恩，口述习武经历，颂扬三位师父唐维禄、尚云祥、薛颠，文章由我整理，结集成书为《逝去的武林》。

李仲轩是我二姥爷，姥爷的弟弟。整理文章的三年里，他只说事论武，没有手把手地传艺，恪守誓言。

凭书中信息，尚云祥再传弟子韩瑜来京相认。他爷爷韩伯言是尚云祥弟子，1996 年过世，和二姥爷一样，生来富贵，之后便是越活越冷的人生。只是，他的福气比二姥爷长，才华盛开得多。

以金庸小说人物作喻，韩伯言是尚门中的“东邪黄药师”，魏晋风骨，博学多才。是武林高手，还是律师、企业家，擅长古琴、围棋、易经、书画、诗词、胡琴、京剧老生……

韩瑜居山东，泰山脚下，见面叫我“师弟”，他爷爷和我二姥爷是师兄弟，我俩是一辈人。但我没拜师、不习武，二姥爷守誓严格，生前与我约定：我不入武术界，不跟人论身份。

我解释了，他尊重，我俩就“徐先生”“韩先生”地称呼，稍别扭，不知不觉他又叫“师弟”，我就顺着叫他“师兄”，说话方便。

从此有了一位泰山师兄。

2. 身上漂亮

井然有序，方为一门。可惜人力抗不过时势，老辈武人看重的辈分，在新时代落空了。武人现状，往往儿子没继承，传给了孙子，爷孙俩做了师徒。

因为时势，骨肉分离，一家人分居数地，父子再见，儿子已成年，无暇习武，便错过了。或者，儿子自小觉得武术是家庭悲剧的祸因，世态好转，也难改厌恶，决不会学。

孙子天真，无历史负担，哄着便教了。孙子过了二三十年，方知老人的苦心。与辈分相比，艺绝，更愧对祖师。

韩瑜便如此，由爷爷韩伯言直接传授，水涨船高，当世大辈分人。

武人人际特殊，后系们相认，讲究“对上了”。二姥爷亦有艺绝的忧虑，作回忆录，是场谋划。以文学的意境情景，旁敲侧击，不破守秘门规，而真东西吐露。

造句措辞，老人管得细，每每高明，让我惊讶：“二姥爷，您真会写文章啊。”他开玩笑：“心里有数，就是文章。”

老人的心中数，韩瑜看得深，来京相认。他爷爷所传和二姥爷所言，我俩对了一遍。对上了，人就近了。

老辈武人间情谊好的，讲究“串东西”，交流新近心得，上了岁数或异地阻隔，便派徒弟去串。二姥爷年轻时代，尚云祥是京城形意门的脸面，天津形意门的脸面是薛颠，一个五台山出家又还俗的人，本是形意嫡传，传授一种近似形意的拳法——象形术。

二姥爷在尚门是不能收徒的人，却承担了一次串东西的任务，将薛颠近年心得，向尚云祥汇报。

徒弟去串东西，学得多深，都不能有名分，否则是欺师。二姥爷却获准拜师，得享薛颠弟子的名分，尚云祥开了恩。可能是对不准他收徒的补偿。

薛颠敬尚云祥为大师兄，领头大哥的意思，常年有交流，尚门派出串东西的徒弟不止二姥爷一人。

象形术技法分五法八象，共十三个拳路。二姥爷作回忆录，述了尚门，再述薛门，文至五法时逝世，八象未及成文。老人不在了，我也灰了心，无了继续的愿力。

后为完成老人遗志，我家人将八象整理出来。与韩瑜师兄“对一遍”的时候，他随意作拳，有瞬间似是象形术。八象成文后，再追究，确是象形术，尚门所传。

薛颠一代天骄，生前势大徒广，不料身后冷清，过世五十年里，二姥爷著文之前，未有其他后系现世。而二姥爷不能授徒，象形术在韩家留脉，真乃万幸。

韩瑜说他听爷爷讲过二姥爷，我听了，难以名状的感动。我们不单对上了武技，也对上了人情。

为了八象，出书《高术莫用》，韩瑜配的拳照，得师兄之助，八象得以全形。薛颠是有名的“身上漂亮”，留下的拳照，二十一世纪初从海外回流大陆，惊了当世武人。

京剧名家程砚秋的回忆录取名《身上的事》，身上——是老辈人概念。人，要成就人身。技法、功夫、境界，会凝在身上，不独武人，各行各业有各行各业的身。

常人只有个前身，前身比后身敏感，前身肌肉好用，后身肌肉不好使上劲。习武先练后身，精益求精，要转到侧身上求。

人体两侧更为软弱迟钝。韩瑜作拳，肋下筋条挺起，下联腿侧筋条，状似枪杆。武人胜常人一筹，是身侧有两杆枪。出了这两杆枪，举动便不同。

武人的身上漂亮，为武人独有，舞蹈演员、体育运动员都出不来，练成的肌肉不同。二姥爷晚年残疾，坐在个长条凳上向我演拳，波浪滔天的气象。

见到二姥爷的动态在韩瑜身上复现，怎能不相认？

李存义将形意称了门，视国事为己任，亲上战场，更新都市结构，给青年人立了武风。李存义留下的武人阶层，尚云祥守住了。商人有商会，文化人有沙龙，武行是一个个武师的家，稳定着邻里街坊，集散着青年人和外地访客，呼吸吐纳。

尚云祥是住家武人的代表，活在人群里，既有神秘色彩，又显实在德行，变了都市声色。

韩瑜是个要上班的人，苦笑："武功是个停不住的东西，因为它要长进。一上班，我就紧张，提醒自己老实点。跟人说着话，一下感觉来了，自己没察觉，神情便不对了。被看成个怪人，就麻烦了。"

当今武人，已不能在家自给自足。

二

为人

1. 万事不入

李存义是当了一辈子领头大哥的人，这一门门风，不是赢人，而要服人。

欧美是英雄崇拜，汉地是佩服大哥。老辈人言：“我这辈子，就佩服某某人”——表明归属的集体；“某某是我佩服的人，我听他的”——在公议时表明立场的话。

如果要自立山头，则言“活到这岁数，世上已没有我佩服的人了”；没找到归属，会说“我还没碰上我佩服的人”。

英雄崇拜，是把崇拜对象神秘化，其血统、能力、思维都迥异于常人，崇拜才能成立。大哥则是亲近化，把你我都会的事做得比你高明，老话讲“这事你也能做，但你做不到人家那份上”——这才产生佩服。

份上，是程度。

16

爱给梅兰芳挑毛病的人多极了，审美上、创意上比他会聊的人多极了，但在台上，没人能做到他那份上，所以他是京剧大哥。

武行里，也常有这话："某某人，坐着聊，你可以说他不对，但人家一下场子，身上的东西撂那了，所有人都没话了。"没话，是没人到他那份上。

在明清世俗里，有英雄这个词，少有这个概念。清朝末年，梁启超在民办报纸上才将岳飞称作民族英雄，清朝灭亡后，北洋派系将关羽、岳飞一块祭奠，称为"关岳崇拜"，模仿欧美，定性为中国的雄性体系。

民众听着很惊讶，原来他俩是英雄。长久以来，生前为战将的关羽、岳飞，死后主要是仲裁化身。关羽讲义气、岳飞尽忠，关帝庙、岳王庙是解决民事纠纷的地方。

"你把你刚才说的，敢不敢到关老爷庙里再说一遍？"——等于美国法庭上，证人对着《圣经》起誓；"这事就这么定下了，走，咱们给岳王爷磕个头吧。"——在口头承诺里，给岳飞像磕头，等于合同上押红指印。

欧美英雄往往是军事领袖，民族神话建立在对另一个民族的杀戮驱逐上。而华夏立国，凭的是知识产权和官制，武力征服不是重点，征服了，也是“天大地大，一块活吧”。

氏，上古贵族称谓，拥有生火、农耕、草药等发明权的家族。三百六十行原本是官职，民族之初，即能建立成熟官制，怎能称其为原始社会？

岳飞之后，清末报纸又将明末武将袁崇焕、太平天国将领石达开定为英雄，只是提高了他俩的知名度。习惯了大哥的国人，对英雄总感夹生。

真正感受战斗英雄荣耀的，是我们这代人小时候，董存瑞、黄继光、狼牙山五壮士……后来提得少了，一阵风。

明清民间承担雄性体系的不是关羽、岳飞，而是一帮祖师和宗师，祖师是确立技法和行规的人，等于上古的氏，宗师是百年一遇的大成就者。

木匠祖师鲁班、梨园祖师唐明皇、魔术祖师吕洞宾、书画宗师董其昌、诗坛宗师钱谦益……当今围棋界崇拜吴清源，史学界崇拜陈寅恪，收藏界崇拜王世襄，均为大哥遗风。

这种崇拜不是造神式的，而是相知相重，研究越深越敬重，说佩服更准确。

岳飞在形意门是大哥，依岳飞著作《武穆遗书》创拳，尊其为祖师爷。因为岳飞在世俗里是仲裁之神，你练的拳顶着岳飞名号，你这个人便得明白是非，遇事能仗义执言，人前举止稳重，看着是个样。

李存义说："赢人容易，服人难。怕难，就别习拳了。"赢人很容易，时机凑巧了，或使个骗招，便可以赢人。但这样赢下来，别人心里有怨气，日后必生祸。

这种一时便宜，不能占。李存义眼里，机灵人都是小器人，做不来长久事，因为交不来长久朋友。

老辈人说"眼里有光为臣"，将臣字看作眼型，有光是钦佩之光。比武，要让人臣服。臣服——心悦诚服，输给你，还觉得很高兴，因为输在真东西上，你让他开了眼界。

想修出真东西，先得"万事不入"，别让外界干扰你，也别让自己的习性干扰自己。

尚云祥给形意门守了一辈子荣誉，他在世，没人敢拿形意开玩笑，老辈人说他是形意的门神。尚云祥赢人不手软，但口德好，赢了谁，都是别人说，自己不言。

习武本就苦，师父看上个徒弟，早日成材，要用特殊手段。

师徒关系是种险境，有时候不知是施恩还是迫害。形意门练的大杆子，一百根树苗里，最终长好的也就两三根，何况是大活人呢？规律都是，成材的零星，毁掉的大片。

是这块材料，还得看能不能经得住。尚云祥经住了，心性磨砺上遭罪大了。现今的人娇气，自我意识强，老派教法，做师父的不敢用了。师徒融洽，毁了的没有了，成材的少见了。

在旧时代，当徒弟的经不住了，会说师父坏话，或为炫耀拜入了名门，把师父生活细节四处说。

尚云祥的口德，是从来不对外说师父，对上一代没有不满的话。尚云祥家里挂副字“武德具备，浩气长存”，人的德行好，气势就强。

损人一定不利己，想利己也利不了。口舌是非，成本小，所以不容易管住。养成“背后说人”的习惯，现世受报应，长得不好看了，做事失误多——这是老辈人观念，常有应验。

习武，先修口德。武人活在大凶里，经不起失误，莫名其妙的一失误，命就没了。内心警惕，便知道修口德了。

万事不入——不单是学艺之初的束缚，而是一生修持，尚云祥是个典范。

他是山东人，天生酒量大，自小长在个喝酒的窝子里。有酒就行，有没有菜无所谓，有没有酒客无所谓，一瓶酒握到手里，几口便光了。

拜师李存义后，李存义见他喝酒，吩咐人赶他走，说：“一口酒，几天白练了。他算干吗的？明天别来了。”

尚云祥当即追上去磕头，发誓戒酒，直到去世再没喝过。成了名人后，应付的场面多，有人劝酒，便说：“我跟师父发过誓了。”说得和气，别人却不敢再劝，渐渐都知道，对尚云祥不能劝酒。

有瘾，是欲罢不能，那么大酒瘾，一句话就断了，常人想做也做不到，此事见出尚云祥的信念。老辈人评说："这么大信念，才有那么大功夫。"

2. 离家擒寇夜返还

晚清京城，小偷已建立了系统，都是世代住户，父子相传，一直延续到上世纪八十年代，每路公共汽车上都有小偷，手艺传统，地界严格。

还是晚清时两根手指开水里夹肥皂片等老法子训练，1 路车上的小偷不会上 52 路车。

晚清小偷由内城九门提督、外城巡城御史的下级差役暗中管着，到八十年代由顽主们（年轻人打群架的头儿）管着，还是晚清规矩，赃物三日不准出京、不准卖；贵重的十日，甚至一月，以备失主托人找来。

归还了也赚钱，失主有酬谢。

如果失主势力大，官府立了案，差役、顽主就不能扮好人了，沾这事有牵连，便责令小偷不露形迹地还回去，在大街上还到人身上，或者还到人家里，都不能让对方察觉，技巧要求更高，小偷行有谚语“偷来容易送还难”。

上世纪八十年代经济搞活，小偷也去摆地摊了，卖衣服、卖水果、卖电器无不比偷钱包赚得多，老手艺绝了。

当时有个笑话，一警察抓住一小偷，要他表演开水里捉肥皂片，小偷烫伤了手也没成功，警察感慨：“小偷不会捉肥皂片了，就离大学生不会写毛笔字的日子不远了。”

土匪进城规规矩矩，由镖局管着，他们主要是买货，或带女眷进城看热闹，夜住镖局，白天逛街由镖师陪同。离了镖师，官府要捉拿。

护镖路上，镖师要向土匪送礼借路；土匪有交际要入城，就归镖师管，以免生乱。即便是通缉的大土匪，有镖局接待，官府也不会入镖局捉人；若滋生是非，则要连镖局一块惩办。

土匪进城，镖局都如临大敌。镖师跟土匪不能有私交，接待是江湖传统，走镖借道的代价之一；土匪也知道自己讨厌，不给人添麻烦，尽量早走。但除了买东西、陪女眷看热闹，要寻仇或作案，镖局决不接待。

土匪如果要镖局接待进城，却做了别的谋划，就是不道义，被别的土匪轻视，出了城，自己的山头就守不住了。

土匪是城外来客，城里有飞贼。晚清京城荒房多，因为暴发户多、破落户多，暴发户摆阔置下几十间房的大院子，但家底薄、人口少，用不上那么多。大户破落了，便空了许多房。

便有飞贼来借住，飞贼不见得是偷东西的，或许是被通缉的人，或许是江湖避祸的人。你要赶他，会招祸，容他住下去，他也守规矩，决不骚扰家人，相安无事，走时会留点银两，作为答谢。

这类飞贼等于住户，附近邻居见你家荒宅晚上亮了灯，你的解释，只能说闹了狐狸精。邻居里有见识的，便知道怎么回事了。旧时代迷信，流行狐狸精传说，没见识的人也信了。

《聊斋》满篇狐狸精，偶尔交代是避难的人，往往是遭迫害的忠良。另一类飞贼便真是翻墙入户地偷。

晚清最有名的飞贼叫康小八，先是入京东路上的路霸，租毛驴、骡车，租时低价，到了要高价，不给，便打人行凶，现今旅游业变相勒索的祖师爷。

后来不知怎么学了一身武功，用一对英国产蓝钢手枪，用双枪就没法瞄准星了，随手而发，所以称奇。他之后的民俗里，“双枪”成为个气派绰号，每代都有几个“双枪×××”，红色经典也有“双枪老太婆”“双枪李向阳”。

香港电影里的黑道好汉用双枪，引来好莱坞模仿，职业杀手、西部牛仔、骇客战士、吸血鬼都用上了双枪，打枪不瞄准——全世界都觉得太帅了。

他在城里安下几个据点，夜盗大户。他的据点有前面说的荒宅，还有暗娼家、店铺宿舍。

以前的店铺待伙计厚道，伙计来了家乡人，可借宿在店里，白天跟着一块吃饭。他让自己人到多个店铺当伙计，晚上去借宿，睡得安稳，没人知道他是谁。

他又跟城里混混联系上，配合行恶，混混靠勒索集贸市场小贩和临街店铺得钱，混混是城中住户，住得零散，他的藏身处就更多了。

他觉得偷大户荣耀，是凭本领；透露给茶馆里的说书人，那时说书人不但讲评书，还要讲新闻，添油加醋，将他说成神人。飞贼有了对抗官府、傲视权贵的色彩，直到上世纪六十年代，还有“北戴河出了飞贼，林彪别墅被盗”的传说。飞贼文化，他是始作俑者。

他的死也是传奇，真伪难辨，说是受了千刀万剐。几十刀致死的剐刑，一般是对造反首恶，太平天国首领石达开是剐刑。慈禧当政之初，北京事变的八大臣是欺君辱上之罪，其中数人受了次等剐刑，十几刀致死。

康小八受剐刑，按理不够格，但茶馆里如此说，传遍市井，人人如亲见，说他受了二百多刀，强撑苦熬，三日方死，太后听了，也赞是条硬汉……可能他生前给说书人的好处多，或是老百姓喜欢听。

后来北京天津的混混动不动就说“我这辈子不求别

的，就求个死，像八爷那样。”混混以飞贼为行业偶像，串了行。

但他的武功是真的、枪法也是真的，否则偷不了大户，大户都聘武行高手护院。中国历史，官场腐败是很晚出现的事，宋朝之前，少有官场几十年大规模腐败的情况，为官的多是世家子弟，不靠这一代当官赚家底，一些考科举当上官的穷家孩子，没别的依靠，要以廉洁赢得民望，才好在官场竞争。

皇家经济利益跟官场关系不大，因为皇家有家族企业，独立于国家税收体系之外，自我满足。清朝腐败成风，始自京城满族官员普遍吃外地汉族官员的孝敬，养不起他们，便没法混官场了，于是层层求养，官场以贪污运转。

但还有个公私分明的表面，多高的官员也是自己掏钱雇保镖，不会调士兵家门站岗。飞贼和镖师是民间自己的正邪对抗。

老辈武人的信誉高，镖局业务主要是运银子，几个穷武人，一个简陋院子，便可接下军饷、铁路修建款的大批银子，几乎没有手续，口头承诺，官府放心，商家也放心，不可思议。

给人看家护院，比开镖局次一等，但身份仍高，主人家不能以雇员看待，名义上不是雇佣关系，是朋友帮忙，给酬劳不能叫佣金，得叫谢礼。

这个身份地位，是一代代武人保护忠良赢来的。武人要有义举，保护忠良是武人传统，忠良是为国捐躯的官员后代、受奸臣迫害的好官、一生廉洁的清官，他们受仇家追杀，或是告老还乡，武人义务护送。

常做不露形的好事，得知有人要暗杀、打劫忠良之家，便自己来了，日夜守在墙外，打走刺客或劝退匪人，灾退后也不让忠良家知道。

一个官员对一个地方的民生、民风影响太大了，难得出个好官，民间有本领的人都要维护他，《杨家将》《七侠五义》反映的都是这种传统。一般土匪对忠良之家敬畏，不敢去打劫，因为他造福于民，你祸害他家，会损自家福气，儿女的命运不好。

一个小官，承担少，做不到忠良的高度，光有块百姓赠送的“爱民如子”匾，这匾也管用。强盗夜晚潜入，一见这匾，抽自己一耳光，掉头便走。

这种匾不是某个乡绅巴结你，就可以送的，官员在任时得不到这匾，是任满离职时，一方百姓经过公议表决后送的。

尚云祥破例收李仲轩为徒，也因李是忠良之后，他母亲家祖辈上为官的王锡鹏、王夑均死于国难。官府忘记了，民间一直记着，自有报偿，武人是这报偿体系的一环。

讲了许多晚清民俗，只因尚门口传着尚云祥遭遇康小八。顶尖武人碰上顶尖飞贼，茶馆里评书不知会说成什么样。

其实平淡，上世纪八十年代大陆武侠小说热潮时，都不好意思往外讲。明白了晚清民俗，平淡事才有嚼头。

尚云祥早年护院，大户阔绰，院中建个亭子，他晚上坐在亭子里，假装打盹，察觉墙上进了人，无声潜过来，知道那人心思是伤了武师再入室行窃。

等那人近了，尚云祥一下精神了，开口：“朋友骑马来的，还是坐轿子来的？”

京城里，一般官员骑马，三品以上的官坐轿子。问飞贼是几品官，江湖有江湖的幽默。

那人嘴快，答得利索：“有轿子不坐，骑马干吗？”干脆说自己是上三品的大官，也幽默。

两人身上都掖着刀，都没抽刀，一搭手发力，那人滚出去了。

便不再打了，相互一报名号，当时尚云祥有名，还没成大名，康小八是名满京津的人物，都知道他是神枪手，身上永远藏着两把手枪，但输了拳就是输了人，没耍赖掏枪，还算有品。

报了名，再翻墙头出去，便难看了。尚云祥点了灯笼，说：“我送您出大门。”康小八也承担，两人堂堂正正往大门走。

几重大院子，遇上守夜的用人，尚云祥不让靠近，吩咐跑去前面叫门房开大门。出了大门，尚云祥还送。两人没话，送出了一百多步，康小八停下，拱手行礼：“尚大爷别送了，以后您在的地方，我不来。”

尚云祥就等着他这句话，止了步，没有客气话，还了一个拱手礼。康小八便起步走了，按礼节，走出三四步回身点了下头，尚云祥继续目送，他没再回头。

后来，康小八名声恶了，尚云祥名声大了，受了军令，协助官府捉拿康小八。官兵摸到康小八藏匿的地点，尚云祥先冲进去，一下扑倒，根本没容他有反应时间，拔不出枪来。

尚云祥说："日子到了，伏法吧。”康小八辨清是尚云祥，就不挣扎了，懈了浑身劲，说："给您个面子吧。”

此事编成京剧《东黄庄》，好几个版本，有的夸尚云祥，有的夸主事的官员，凡叫此名，都是拿康小八一事。可惜未成为保留剧目，再无缘观看，尚门后系多感遗憾。

京城刑场在宣武门外的菜市口，宣武门一带老住户口传：康小八是传奇人物，黑道上牵连广，官方为避免百姓围观生乱，破规料理，早起趁天没亮时砍的头。

八卦掌名宿李子鸣赠与韩伯言的
尚云祥照片（正面）

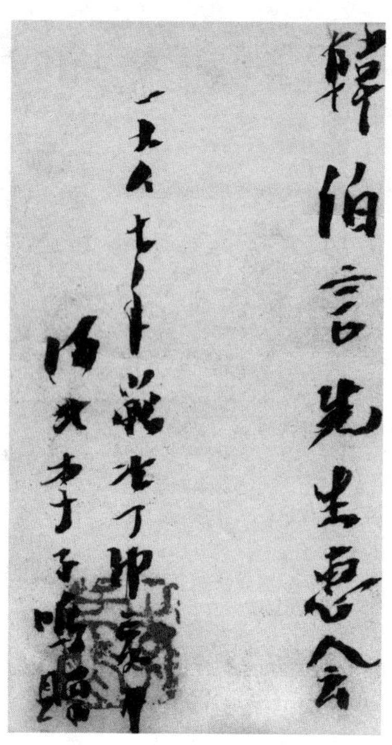

八卦掌名宿李子鸣赠与韩伯言的

尚云祥照片（背面）

大多的市井热议是，上千人目击，康小八死得烈性，千刀万剐，只喊好不喊疼。

尚云祥是清高人，待在家里比什么都好，受了军令，办成了事便回家，水清水白，决不跟官方再瓜葛。行刑的热闹，更不会去凑。

他没亲历刑场，但跟康小八两次交手，觉得市井说法，倒合此人的品。晚年，徒弟们问，顺应俗说，答："受一刀喊一刀的好，是个人物。早先的匪人，有匪人的硬气。"

3. 修得门窗接天碧

李存义跟尚云祥是师徒，但两人太不一样了，李是豪杰型的人，尚是隐士型的人，舍了其余，守一技而终老。

李存义教出过一个跟自己像的，容貌仪表、组织能力、交谊能力样样都好，叫郝恩光，把李存义创的中华武士会在日本开了分会，立威数年。

可惜早死。有一种说法，当时军阀初起，李存义想让他成为平定一方、与群雄竞争的人物，将他从日本召回，托关系让他当上军官，不料天妒英才，殒于战事。

他死后，李存义心灰意冷，不再主持天津的中华武士会，告老还乡。

此说法，有一定可信度，因为形意门人一直参与反清起义，清初时形意拳被定为禁拳，练了要受抓捕。李存义年轻时在形意门得授兵法，晚年对徒弟们说："你们见过我的拳，没见过我的大本事，我最大的本事是排兵布阵。"

限于机缘，他成就在拳术上，而他自我定位是军事将领，期许郝恩光，在情理中。

另一种说法，郝恩光死于军中，不是意外，是设计。他在日本办中华武士会分会，教授华侨，日本武人来比武，比过几场后，便罕有挑战者了，赢得漂亮是一方面，日本人对形意拳好奇是另一方面。

日本武人再来都是求学艺，背后有财阀和特务支持，

李存义（1847—1921），字忠元。清末深州南小营村人。20岁时向刘奇兰、郭云深学习形意拳，又师从董海川学习八卦掌

托了几位在日的华人政客、商家出面说项。

李存义估摸郝恩光功夫够了，派去在日本办分会，本意是给中国人立威，办多久打多久的打算，等于长期擂台。没想到日本人不比武，还搞出许多人情。

迫于人情，郝恩光应许教了，送来的是几位日本名师的尖子徒弟。郝恩光一看这局面，人才啊，形意门的好东西不都给掏走了？

那时的人心里民族设防重，郝恩光不好好教，被问烦了，就动手打，说："这事说不明白，只能打明白。"确实能打明白，但打法得是做实验般，给徒弟个体会的路径。

他们是白挨打。

除了手重，打得人没话，为了不教，还会挑他们武功底子的毛病，以基础差而推诿。这几个人回去跟本家师父汇报，老人们知道怎么回事，觉得诚意上、武技上都被侮辱，不让徒弟再去了。

郝恩光乐得清静，不知结下了很深的怨。他在日本是名人，在日本没事，回国入了东北军界，东北日本人势力广，不知是授徒事件中的哪个人怨气重，在东北关系深，报复了他。

郝恩光让形意拳在日本亮了相，麻烦不断，尚云祥晚年,还有日本军官找上门,送礼求传艺。当隐士的好处，就是人情负担少，不用办似是而非的事，尚云祥答复简单，就是“不教”二字，不留余话。

自己干脆，他人便断了念想。

尚云祥大隐隐于市，见了权贵就躲，有形意门人在北京办武术社团，为表示支持，挂个名，基本不去，在北京独撑门户四十载，就是在家里，就是“形意”二字。

他的家原属尼姑庵，尼姑庵分割出一半作了民居，另一半依旧住尼姑。韩伯言向尚云祥学艺期间，是个大师兄。

这称号不是按开山首徒往下依次排的，老辈人教拳为生，来的徒弟一拨走一拨来，上一拨有人留下来带下一拨，便是大师兄。或者现在身边的一拨徒弟里，谁有号召力，能组织事，便是大师兄，韩伯言属于这类。他是大学生，拉同学给尚云祥做徒弟，本是个学生头。

尚云祥说："我没文化，但我喜欢跟有文化的人交往。跟野蛮的人，只能比比，跟文化人，能有感情。"

尼姑庵本来院子大，尚云祥教徒弟，有时在院里有时在房里。一个周末，徒弟们来得多，掩上院门练。正练着，门开了，进来位英挺的中年人，拎根欧洲的绅士手杖，要拜见尚云祥。

韩伯言作为支应事的大师兄，就引他去尚师房。正走着，不知是习惯，还是临门兴奋了，那人用一个指头抖起手杖，在指头上绕圈。后来分析，此人是另有用心，来了陌生地，绕棍子是防备人偷袭。

到尚师房门口，那人将手杖立在墙边，"噔"的一声，韩伯言注意到了，引尚云祥出来后，遛过去拎了下，果然是铁棍，分量颇沉。常人两手拎都费劲，能用一根指头耍起来，像根普通木棍，一点不露形——知道来了高手。

见面几句客气话，来客恭维，尚云祥自谦："我做不了生意，当不了官，教教小孩。"

谈到比武正事，按理要自报师承，来客说：“咱俩比完了，再告诉师父名字，见谅。”

面对尚云祥，他毕竟底气不足，不说，是保护自己师父。武人师徒一体，徒弟败了，师父名誉也受损。

不报名，是无礼，按理可拒绝比武。他还有无礼的，说：“我在部队上，说有任务就有任务，赶时间，江湖礼数一概不要，眼前就比。”

他穿着便衣，报自己是军官，是一个失礼。晚清以来形意拳称门，跟军政界达成交往默契：在武人面前，不能用官场身份，按朋友身份。

因此默契，一个形意门人做了某官的下属，在形意门内地位就低了，不便跟师兄弟交往。因为形意门人跟他的长官交往，是平等身份。

要求现在就比，又是一个失礼。比武规矩，没有现来现比的，第一次见面，是征得同意，定下比武时间后再来。否则，你有备而来，人家可能病着、累了，不公平。

问比什么，那人说比大杆子，尚云祥便说：“拿杆子吧。”尚云祥打了一辈子硬仗,对无礼的人就不挑礼了。

大杆子是近三米的整根树苗修成，北方武行各门都推崇练大杆子，大杆子最显功夫。练武场上有杆子，那人拿好了，尚云祥说 :“你拿得住么？”

那人笑了 :“尚先生，有本事您捅我个窟窿。”

那人持杆一刺，尚云祥一抵，那人身子大震，手里杆子落地。他立刻抄起再刺，尚云祥算计深，震下他杆子后飞速退开两步，静等他下一手。

来了，又一抵。

他杆子掉了，尚云祥杆子压在他肩上，擦着脖梗。杆头故意探出去一截，从侧面看，好像脖子给扎穿了。这是应他那句话，表示能捅他个窟窿，我有这本事。

尚云祥说 :“你师父呢？”要他报名。

来客 :“没脸面说了。您名不虚传。”

过几天，赶骡车来了俩兵，放下三袋高级面粉。

武人送礼讲究单数，因为武人收徒按单数，一次三五个,不会四六八,取“一条心”的意象,世俗觉得“成双成对”吉利，武人则觉得“有二心”。

那时人多吃粗粮,面粉金贵,是重礼。此人再没来过,始终不知他和他师父是谁。以前的人不敢报师门，不像现在拿师门吓唬人。旧时代，“正宗传人”“关门弟子”的话不敢说。

大杆子无花招，胜在一搭一颤上，敌我杆子碰响即见输赢。尚云祥第一下便赢了，故意给他第二下，是给在场徒弟们看的。

访客认输离去后，尚云祥对徒弟们说：“别说我好不好，你们日后达到我这份上，才能收徒弟。”

尚云祥不收学费，徒弟孝敬师父，手松手紧，随人自愿。他同辈人开武馆的多,富裕的多。李存义联盟军政,给武人开了眼界，下一代走李存义路线的人，甚至可称显赫。

李存义俭朴了一辈子，奔波了一辈子，无儿女无积蓄，晚年归隐，回家乡凭祖上老屋终老，由老朋友凑了份养老金，不多不少，刚好用到死。联盟军政，他是为国为民地做事，想不到开的这个路子，是个滋润活法，造福小人。

尚云祥是李存义的著名弟子，接师父名声，接的是武技，不是场面上的身份。活，是活得舒心自在，不是活多少钱、活多少人。

尚云祥访客多,应客之道,是屋里躺着。对想见的人，起身；对不想见的人，假装睡觉。他躺着也有威，来人不敢妄动，轻声一唤，最多两次，得不到答应，就知趣走了。

一年春节前夕，一位显赫人物来了尼姑庵，尚云祥女儿尚芝蓉还是个小孩，在院子玩，那人上前抱起来，叫得亲，往尚芝蓉衣兜里塞银圆。

此人跟尚云祥是多年熟人，但各有各的活法，并不亲近。尚云祥躺在屋里，清楚外面动静，走出来问他这是干吗。

那人说应该的，给孩子压岁钱，然后说他得了消息，过年期间，有人要来京，专对付形意门。

尚云祥一听就明白了。这人多年习性，对外口气大，场面上要拔尖，这次是惹来高手要毁他名声，自筹难敌，求尚云祥助拳。

尚云祥打趣："你说清楚，是对付你，还是对付形意门？"那人脸红了，不好改口，说："形意门。"

见他窘了，尚云祥不再打趣，可怜他半世名声，说："好，既然是对付形意门，过年来了，我接着。"

我有我威，是尚云祥的活法。在这威风面前，没有显赫。

4. 弃家轻易归时痛

李存义教尚云祥，技术定型后，交到门中老辈人手里锤炼。比如李存义师兄弟，还有周明泰。李存义师父刘奇兰是个地主，周是刘家的佣工，不是传说中的书童，是个放羊的，对主人教拳，感恩戴德，玩命练。

他羊养得好，刘家犒劳他，给俩钱看戏，他看戏的时候两手虚抱地站桩，打着崩拳去打着崩拳回来，一点时间都不愿浪费，刻苦到这份上。他不识字，日后成了河北有名的大师，德高望重，尚云祥请教过他。

跟前辈学艺，还跟前辈较量，有个绰号二骠的人，八卦掌名师程廷华的拜把子兄弟，得程传授八卦，一辈子名声坏在尚云祥手里。

李存义在名分上，也是程廷华的师弟，给程的师父董海川递过拜师帖，由程代师授艺。尚云祥从李存义传承了八卦掌，京城有片好练功的大地方，尚云祥常去，二骠也常去，见他练形意，不说什么，见练起了八卦，开口就损："别在我眼前练八卦，找挨打。"摆老资格。

形意门喜欢敢打的年轻人，出来一个，得到的全是鼓励，新一代里尚云祥是有名的敢打，这么被人看不上眼，心里不服，被损得多了，一日爆发，年轻气盛，要验证个"谁打谁呢"！

二骠战绩非凡，年轻一代都怕他，没想到出来个敢动手的，更没想到会输。"别在我眼前练八卦"——这句他的话，成了尚云祥的话，日后，他逢尚即躲。

程廷华（1848—1900），字应芳。河北省深县程村人。八卦掌宗师董海川弟子，以制镜为业，江湖人称“眼镜程”

白西园在形意门是尚云祥师爷辈的人，做生意居北京，听了尚云祥的战绩，连李存义一块夸，说："你们爷们不错。"尚云祥"上打三辈"的名声，这么开始了，老辈人知道对尚云祥不能摆老资格。

老辈人聚会上，说起形意门出了个尚云祥，都有叫来看看的兴趣。过年了，尚云祥去拜望，一位长辈不信邪，坐椅子上，借尚云祥上前磕头，伸手一扶要听他的劲。

尚云祥反手一划一送，这位长辈臀离了座，半站不站的状态。他也是大意了，没想到尚的反应这么猛。老辈人潇洒，当众认可了尚，说："你手再抬抬，我就站起来了。"

事后，白西园问尚云祥详情。尚云祥："我没接他的话。"白西园："要是接，你怎么接？"尚云祥："我再抬抬，您就飞起来了。"

晚清民国的武行，常态是，老辈人功力大，小辈人追不上，前辈刁难晚辈轻松。尚云祥是个罕见的反例，对这个“追上来的”，有人头疼，有人喜欢。

尚云祥的师爷辈里，郭云深名气大，号称“半步崩拳打遍天下”，战绩辉煌。他对小辈人管得严，遇上不规矩的，必下狠手。

以前形意拳都是秘传，不许公开，开场子教拳营生，必被老前辈寻来砸了。郭云深早年浪迹乡野，落脚一地时教过一人，离去几年后回来，问：“你教人了？”那人一愣，郭云深就不再听了，掉头便走。

到晚上，郭云深寻去那人家，说：“你功夫多大了？我给你看看。”一下打在他肋条上。以后一动，肋下就疼，没法练拳了，这是废了他功夫。

郭云深行径神秘，黑夜能视物。练出夜眼，为防备遭暗杀，他得罪的人多，是有名的比武上瘾的凶神恶煞。

他看上了尚云祥，自己找来，说：“你练对了。不对和对了差别大，对的人和对的人差得更大。跟我走吧。”就把尚云祥从家里带走了。

一去两年。

武人悲哀，习武是毁家毁业的事。尚云祥早年是有家底的人，父亲留下个铺子，生活小康。为习武拜师，结交江湖朋友，败光了钱，铺子也易手他人，一度穷得没有鞋子穿，光脚走路地活过一段时间。

被郭云深带走，事发仓促。本来就没钱，知道凭自己，晚几天走，几天里也挣不出什么钱，不可能留下安家费，索性就弃家了。打算学成高术，再对家人补偿。

尚云祥失踪后，家里靠邻居和武行朋友接济，后来也托人带过话送过钱。等人回来，成就了大功夫，但家中灾难不可挽回，两年里孩子病死了一个，夫人出意外残了一只脚、瞎了一只眼。

尚云祥在武行人眼里是一尊神，在家里，还挨夫人训。夫人身体不好情绪差，发脾气说难听话，即便是徒弟们在场，尚云祥也不回嘴，怎么说，都低头忍着。

尚云祥性格刚强，不愿办什么事，旁人死活劝不动，但夫人一开口，尚云祥准办到，因为他自觉愧对家庭。

人老了，有时有幻觉，韩伯言这拨徒弟遇上过一件尚云祥失常的事。尚云祥年轻亲历八国联军进北京，随李存义在京津路上阻击、北京巷战，当年杀洋兵的大刀一直留着。

一天突然把刀拿出来了，狠命磨刀，跟徒弟说，现在日本兵的四路纵队在街上走，经过家门口两遍了，等他们走回来再到家门，他就出去拼了。

尚云祥要徒弟们快走，说："你们各奔前程，我留下杀个俩三的。"街上没这事，徒弟们更没见过师父这样，吓得跪了一地。

后来是夫人说他，才起作用，不管清醒不清醒，尚云祥都认得夫人，把刀一扔，进屋睡觉去了。老人的一时糊涂，睡一觉，常能调过来。

醒了后，尚云祥没再提此事。

习武，刺激生理，容易浮想联翩，感应多。学拳，首先是学清醒，尚云祥教育徒弟，说："人都有灵性，出灵性，不要出幻觉。"

尚云祥过世后，日军全面侵华，北京失陷，街头常走日兵纵队。再提起磨刀一事，徒弟们嗟叹，师父当年可能感应到什么了。可惜天不予寿，英雄身去，不能再街头杀敌。

形意门本有神秘色彩，大象临死前离群，死无遗骸，许多武人也是临终前失踪，不给世人留尸身。

形意拳宗师李洛能年老离家，下落不明；李洛能弟子宋世德是僧人，年老离寺，下落不明；八极宗师李书文年老游方，下落不明；杨氏太极高手王兰亭中年游方，下落不明……这个神秘的葬身地，有人猜测在五台山。

离家是不告诉家人，以为他出门遛弯，结果不回来了。游方是跟亲戚朋友打了招呼，说去外地旅游，起码说出个第一站。

李存义师父刘奇兰的儿子刘文华在五台山出家终老，李存义弟子薛颠在五台山出家十年。李存义虽然死在家乡，村人共见，但乡野怪谈，说他坟里埋的是旧衣旧鞋，人去了五台山。埋旧鞋假死，是禅宗祖师达摩辞世的典故，不知村人怎么用到了李存义身上。

尚云祥家里供的达摩像，是隔院尼姑庵的老尼姑送的，晚年与那位老尼姑常交谈，心态变化。临死前，尚云祥吩咐女儿："我没死，我去五台山了，你要孝敬你妈，我都看得见。"

听着神秘，想来可怜。年轻时弃家，忏悔到死，总觉得对不起夫人。

5. 诚恳即神灵

人间是否有神灵？韩伯言在尚门亲历过一事。

尚云祥江湖经验深，看人眼光厉害。一日，一帮徒弟练功，尚云祥坐在旁边看着。大门进来个老头，徒弟们没察觉，尚云祥已站起来了。

逢上了挑战者，尚云祥不回避徒弟，让他们旁观，就是教育他们。尚云祥和来客年龄相仿，都是老头，低声说了几句话，便比武了。

一搭手，两人一下蹿出去了。手还搭着，脚下都很快，直出去二十多米，才停下。徒弟们看傻了，以往尚云祥比武都是一下定胜负，搭手人飞，碰杆杆飞，没见过势均力敌的情况。

尚云祥和那老头分开了。尚云祥吩咐徒弟：“今天别待了，都走吧。”遇上精彩事，谁愿意走啊？

见人都留恋，韩伯言是这帮徒弟的头儿，尚云祥便对韩说：“赶到大门外边去。”韩伯言连推带训地把人赶出院，闭了大门。

以为自己能独享眼福，谁想尚云祥不在院里比，邀老头进屋，关门合窗。韩伯言非看不可，寻到条窗缝，见老头坐等着，尚云祥在给家里供的达摩像上香。

上过香，一扬脸，惊了屋外的韩伯言，尚云祥五官变了。韩伯言晚年对孙子韩瑜讲述，仍有余悸，说：“瞅着就不是师父样了。是谁呀？”

再动手，不是相持不下了，尚云祥瞬间长了大功夫，两人凑上，尚云祥一发力将老头发向西墙，脚下逼迫，不容有反击，几乎贴着老头到了西墙。老头身形刚稳，尚云祥又将其发向东墙，贴着追去，老头撞上墙，尚云祥的手就扶住了他。

老头蒙了，贴墙站了会儿，神志缓过来，尚云祥的手就离了老头，向外喊韩伯言，要他带其他徒弟进屋。原来知道韩在偷看。

等韩伯言带着人进屋，尚云祥脸变回来了，老头也没事了，两人有说有笑。叫徒弟进屋，是给长辈行礼，对老头的尊重。

韩伯言是尚云祥心爱弟子，比其他徒弟敢问话。老头走后，韩伯言问起变脸一事，说："您刚才吓着我了，是否有神灵相助？"

尚云祥不提神灵，答："精诚所至，金石为开。人诚恳，有好处。"

习武是个与天时竞争的事，都说"日久功深"，但人老必体衰，你功夫长了，岁数也长了，就看两者谁快过谁了。

郭云深这代、李存义这代，功纯心纯，功夫快过了岁数，撑到过世前几年，都是随便打年轻人。武行常态，跟西洋田径、拳击不同，小辈人没法跟老辈人竞争，晚生十年，就一辈子追不上了。

到尚云祥这代，开始反常，在有些人身上，岁数快过了功夫。老辈人吃了小辈人的亏，时有听闻。

尚云祥早年受聘袁世凯的北洋军，教士兵拳术。当时有个成名人物，号称神勇，十来个士兵围打，他打小孩般随手拨，拨一个倒一个。

他人高马大，相貌堂堂，衣着高档。尚云祥个矮，底层穷人的老棉袄老棉裤。受聘礼上，有北洋高官在，武人心理往往要场面上拔尖，他跟尚云祥站在一起，斜眼看尚，蔑视的样子，要表现给众人，自己地位比尚云祥高。

尚云祥没在场面上搭理他，晚上寻到他军营宿舍，说："都说您力气大，您有多大力？"那人窘在门口，半天接不上话。

都知道尚云祥敢打，毁人名声，常人回避还来不及，别说招惹了。他只是想人前占便宜，做给高官看，尚云祥认真了，他就愁了。

尚云祥见他这样，便不逼了，笑笑走了。

许多年过去，尚云祥和那人都成了老头，军队聘拳师的风气一直延续。那人还四处游走，各军受聘，还是人前拔尖。同辈人评说："早晚出事，别比拳比倒了。"

不幸言中，此人有位亲戚，一次跟酒友聚会，大喝三天，其间说起他："让小孩连摔了几跤。军中出丑，可怜了。"

旁人爱看武行的热闹，哪知道热闹里全是恩怨，生了一事，便是几代的恩怨。武人名誉心重，生命危机大，输给别人，自杀的心都有，一年两年缓不过来，心态上，自己便把自己废了。

想起他一贯耀武扬威，终于吃了小辈人的亏。不让人觉得罪有应得，反让人唏嘘，这一代做长辈的人守不住了自己的权威，以后一代不如一代，功夫追不上岁数，成了武行常态。

韩伯言目击，尚云祥晚年功夫未衰，给这辈人守住了一块荣誉。有壮年人找尚云祥比武，那人身子飞了又回来了，因为手脚快，蹿回来扯住了尚云祥胳膊。

这种情况罕有发生，尚云祥一贯搭手飞人，飞而复返，让徒弟们怀疑，师父毕竟老了。

分了胜负，尚云祥便回屋，那人还要再比一次，扯着尚云祥胳膊跟到门口。尚云祥怒了："挪开！"那人嬉皮笑脸："看您呀。"

尚云祥一翻胳膊，那人身子腾飞，跌地不起。

徒弟们庆幸，师父依旧干脆。

第一次不是人老功衰，是人老心软，觉得他差，便手下留情，不料给耍上了赖皮。

尚云祥有个徒弟是警察，整天发牢骚，说："师父太狠了，绝活儿不教咱呀。"韩伯言给他做思想工作："师父不狠，是咱们没成材。"

这警察徒弟一方面埋怨师父，一方面神话师父，说尚云祥有龙虎神功，施展出来惊天动地。尚云祥生病，尿盆里的尿，他手指蘸了就尝，以判断病情，表忠心表到这个份上。

后来他改了名字，下一代人知道的多是他的新名。他儿女多，家事足够忙，没教过徒弟，被定罪坐了十几年牢，出狱后，孙子孙女都出生了，见香火旺，自己也老了，寻思收个徒弟。

他收了一个小伙子，小伙子学了几年，分配工作当上警察，过年时一身警服来家里拜年，说："师父别在意，我穿着国家制服，就不给您行大礼了。"

他跟别人聊这事："这不是混蛋么？别教徒弟，教徒弟没意思。"也不知是真生气，还是为聊着热闹，才这么说。聊到自己当年对尚云祥的忠心耿耿，感叹后代人不行。

好多人拜在尚云祥门下，是追随偶像，对自己其实没有成就的要求。徒弟们总来，三天不见师父，就心慌，热度这么高，却对练功没热情。

他们学形意拳，是崇拜尚云祥。在尚云祥面前，练得苦，出了尚家门，想不起练拳。

来了敢耍闹的独有一人，一天来了，说最近练得苦，有了心得，创出新招。他说得认真，尚云祥听得认真，让他演示。

他站一个形意拳基本的三体式，突然在地上打滚，尚云祥反应过来他又在耍，说："行了，别练了，你这叫什么呀？"他备了词，就等着这一问，汇报这招叫"老太太钻被窝"。

实在出乎意料，尚云祥乐了。

敢在尚云祥面前不好好练的，只有他，别人要会给骂死。一门徒弟里，也需要有这么一人，关键时候调节气氛，大事化小。他声调悦耳，说辞多，尚云祥发火时，他一张口，尚云祥口气也柔了。

形意拳的兴旺年代，龙虎之材都去了部队，评判标准，是简明实效。后来，办国术馆、办武术表演赛，套路越多越漂亮，吃功夫的越少。追求取悦于人，是衰败之兆。

看民国武术大师留下的照片，身边都是一帮小孩，感到大师们可怜。孩子们身体没长到程度，理解力没到，下不了大功夫，学不了真功夫，只能教他们套路玩玩。

家长送小孩学形意拳，口气都大，张口就要学“五禽六兽一条龙”——形意拳有十二形，模拟禽兽动态的拳法。

家长们了解点信息，便自以为内行。其实形意拳不在招法多少，在功夫深浅，老前辈说:“三回九转是一式，得其一,万事毕。”

拳是一通百通的东西，老年月，都是一个姿势练三年，新时代，真不能只教一招。隔几天，家长来了，师父就得教个新的，否则家长觉得孩子受糊弄。

说尚云祥吝技，实则是说者吝惜自己。不下苦功，水平永远不提高，师父没法往深里教。

晚清民国，形意拳是横扫北方的拳种，三代人功绩。在尚云祥心里，形意拳贵重无比，不忍让俗人糟蹋。

形意门授徒，不能自私，自私的弊端太大了。一教一学，相互认为奸诈，便种上了仇怨。师父不自私，徒弟也得是诚恳人，才接得住。

尚云祥收徒，先告知："咱们这门荣耀，不吹牛不传闲话，不教江湖奸诈门道，凭真功夫、大功夫赢人。对付奸诈，以十分功夫对他二分，堂堂正正，足够了。"

三 处世

1. 古声淡无味 不称今人情

韩伯言是武林高手，也是古琴名家，古琴界有诸城一派，诸城派中有他的地位。琴为华夏正音，正气正心，人生必修之器，衰于唐朝开元年间。

唐代好新声，长安风即是西域风，风靡胡乐、胡酒、胡姬。羌笛羯鼓是及时行乐的快慰，琴音哀而思定，难讨人喜欢。

韩伯言拜入尚门，全因尚云祥不讨人喜欢。

韩伯言幼无母乳，体质弱，济南城有位教小红拳的孙师父，家里送他学拳自强。成年后，考上北京朝阳大学法律系，孙师父向他提起北京有个尚云祥，说：“你能找到他，福气大了。”

政府提倡强国强种，鼓励大学开武术课程。来京，见朝阳大学未开，农业大学开了，六合拳名师赵鑫洲主教，韩伯言便跟几位同学去农大学拳。

曾有心寻访尚云祥，但都知道他大名，问不到能联系上的人，便不想了。世风使然，朝阳大学不久也开了武术课，一下聘到数位名家，在公告栏上贴出，同时开课，要学生自选就学。

没想到有尚云祥的名字，韩伯言自叹“福气大了”，立刻报名。

韩瑜曾问爷爷：“别人说尚云祥是矮矬子，他有多高？”韩伯言抬手比画：“我矮吧，尚师父到我眉毛。”韩瑜笑了：“噢，真是啊。”

尚云祥来朝阳大学，貌不惊人，而神色庄严，镇住了学生。先问有没有人练过拳，什么拳都成。学生答有，他就让练过的站出来，去教没练过的。他在旁边看着，估计是考量每人个性天赋。

学生们奇怪，学校请他老人家来，他怎么让咱们自己教自己？

一两次课后，尚云祥观察够了，教出一个形意拳桩法，是马步，两手如托一杆大抢。也不讲解，摆姿势，让学生照猫画虎地学。

他寡言少语，他的教学就是过来压压你胳膊，如果一压就垮，便不说了，如果你身上有反应，便夸夸“还可以”。

站桩，站着不动身上疼，年轻人好动，尤感精神苦闷。别的拳术班，有说有笑，拳打脚踢，生龙活虎。

站了一个月，学生越走越多，纷纷转去它班，仅剩韩伯言二三人。学校公告栏上，不再写形意拳班，间接取消了尚云祥的教师资格。

称霸武行的人物，竟遭大学解聘。解聘，校方并不派人正式通知，尚云祥明白，是要他知趣自己走。

尚云祥对韩伯言等几人说：“明天起，我不来了。你们有谁愿意学，跟着回家吧。”韩伯言是跟着尚云祥回家的人。

事后，有人和韩伯言探讨，说尚云祥不通达，大学生脑子活跃身子活跃，教点好玩的，说点传奇的，就能受欢迎，何苦认真，搞得自己下不了台？

韩伯言答：“你懂不了这事。我师父给人金元宝，不给人碎银子。”

去了尚云祥家，才明白什么是武人。

屋里吊着两根大杆子，呈枣红色，有些部位近紫色，多年手摩汗浸而成。杆子沉重，常人使差了劲，会震得脑壳疼。杆子在尚云祥手里，持平一抖，喔喔作响，杆身颤得让人眼花。

一次韩伯言亲见，尚云祥取杆子急了，掌捋杆尾地一抻，吊杆子的绳子当即断了。绳子是软的，不受力，能绷断了，可想尚云祥发劲的干脆。

尚家有好杆子、好徒弟。一位出师了的弟子常回来拜见，叫刘华圃，原是个牧童，在承德西北的蒙古草场放牛，与牛比力，抓上牛角能倒牛。他遇上尚云祥，一把给扔出去了，惊了他，爬起来就叫师父。

他出师后，作了牢头，震慑黑道。北京新一代飞贼叫燕子李三，技高人胆大，特别不谨慎，京城里认识他的人多，在酒馆里喝舒服了，懒得走，不在乎露形迹，警察来了不反抗，笑呵呵让挎走。

李三进牢房，先问今晚谁当值。逢上刘华圃值班，他便蒙头睡觉，不是刘华圃，当晚就越狱了。

刘华圃当班，犯人都老实。敢逃敢闹，就是不懂事，黑道里挨骂。大盗巨犯入牢，先问："我刘师哥在吗？"嘴上叫得亲，听到不当班，身上的匪气才回来。

他在江湖上闯出这么大身份，座右铭是"守着师父不打拳"，练得再好，别在师父面前卖弄。一卖弄，准挨揍。他一条膀子，阴天下雨疼，便是让尚云祥打的。

他是天生力大的人，目击过尚云祥一次酣畅淋漓的发力，彻底服了。一人拿着古战场的裹铜盾牌和卷云铁锤攻击，尚云祥空手，一掌拍在盾牌上，打得那人坐在地上，面色死人一般。

他来尚家，韩伯言这个新一拨人的大师兄，就得管他叫大师兄了。这一拨徒弟都知道他大名，求大师兄练练，给开开眼界，求多久，他笑多久，决不会动。常人样子来的，常人样子走。

有人证明他功力，说："我两手把着他一条胳膊，人能吊起来。”这是站桩站出来的功夫，都说他是“傻功夫”，这个词让人害怕。

尚云祥认为机灵人不好教，机灵人要取巧，总想找捷径，东找西找，不肯下功夫，结果交手时，一身聪明，被人一打便垮。

一日刘华圃陪尚云祥去饭庄吃饭，木板楼，单间里。他在尚云祥面前，藏得自己什么也不会的样子，尚云祥好久没见过他身手了，让亮一下看看。

他做个劈拳发力，地板大震，整栋楼似乎颤了下，上菜的伙计吓坏了，老板也惊出来了，寻到单间看怎么回事。

尚云祥说：“这一下好。傻功夫。”

尚云祥无积蓄无房产，租房度日。尚家离朝阳大学远，韩伯言去都乘人力车，韩家有企业，不在乎车费，其他学生经济上承担不起。但走路去，走到了，人也累了，没法练拳。

为照顾同学，韩伯言给尚云祥租了房子，距学校不远，尼姑庵隔出的民宅，看上寺庙格局的院子大，徒弟们来了好练功。这便是尚云祥最后的栖身地，直住到过世。

尚家早饭是尚云祥起来做，他早起练功，不吃早饭，做给夫人女儿。韩伯言给尚云祥改善伙食，去饭庄点肉，荷叶包了送来，尚云祥不吃，留给夫人女儿。

一晃数年，韩伯言大学毕业，要回山东，家里企业等着他。尚云祥不让他走，要留他在身边再过两年。韩伯言解释："我是长子，得回家撑门面。"

尚云祥好长一段时间不教拳了，徒弟们来了，也没话。老朋友知道他不高兴，来劝慰，他说："教拳没意思，刚教出个像样的，转脸走了，不是白上心么？"

韩伯言返乡后，结婚生子，主持家业。有两位尚门师弟路过济南，接到韩家款待，他俩说尚云祥对新一拨徒弟讲："我没了，你们找山东韩师哥。他家是个大户，穷不了，你们光是去投奔也好。他功夫现在练到什么份上了，我看不到，只知道，他的拳理错不了。"

韩伯言听了落泪，说对不起师父。

但俗务缠身，恍惚岁月，直到娶第二门亲，发誓完婚后，一定停下身上的事，回北京见师父。这位二夫人是京剧名伶，韩伯言的京剧老生和胡琴高明，两人互慕才华。

娶伶人，在大户人家是辱没家门，一吵闹，婚期拖延了两月，韩伯言在祖宗堂前罚跪，挨过老母亲的耳光，才完的这门亲。

一完婚，立即办心里给自己立的约，携二夫人回北京看师父。赶到尼姑庵，天色将晚。尼姑庵和民宅区共用一个大门，一位老尼姑在大门口。

韩伯言是手松之人，学拳期间，总在尼姑庵佛堂前过，便捐了一笔款，有尼姑遇上难事，他都资助。老尼姑一眼认出他，开口便道："你这时候回来了？你师父死了。"

韩伯言在台阶上摔了一跤，当场休克。被救醒后，大哭大悔，说总觉得师父能活两百岁，从没想过师父会死。

尚云祥过世后，经济使然，夫人和女儿搬离尼姑庵，另寻他处租房。第二天，韩伯言找到师母和小师妹，想在京城给她俩置下房产，以报师恩，说：“师妹，别管钱高低，寻个合心的。”

尚芝蓉是大师血脉，年少刚强，在中学教拳养母亲，尚云祥尸身停在一座寺庙里，未回老家安葬。见韩师哥回来了，这是从小信任的人，后面日子眼瞅着能安顿，便要先葬父亲。

她送尚云祥遗体回山东乐陵，不想一去，便难回来。日军断了回京路，南北皆起战事。母亲担忧，不许回京，伴母滞留在乐陵乡下，女人到了岁数，便寻人嫁了。

韩伯言则经历了家业败落、身受驱逐的漫长岁月，与尚芝蓉到晚年才又联系上。尚芝蓉跟朋友聊天，说起当年韩师哥出资买房一事。送父灵柩回乡前，她也曾匆匆寻过几处房，有一处看着挺好，准备回京后再考量。

这话传来，韩伯言难过了，知道师妹从小在北京长大，这辈子过在北京，是她喜欢的。迁居乐陵，不是她选的，是命给的。

下次聚会，韩伯言问："师妹，这么多年，你还记得这事呀？"尚芝蓉黯然，应不出话。师兄妹二人再没提过此事。

那处没来得及买下的房子，存在心里了。

2. 为我一挥手 如临万壑松

韩伯言半生富贵半生困窘，晚年跟孙子韩瑜讲，富贵不是乐事，乐事是别的，他前半生有三大乐事。

第一件，误打误撞之乐。人生得有几回傻福，才有趣。

上大学期间，他的宿舍是一屋子少爷，爱玩，玩得起。那时最大的玩是京戏，哥几个都是票友，吹拉弹唱的水平不低，平日去戏园，偶尔还会包戏子来宿舍清唱，他们伴奏。

一日，学校无课，宿舍请来两位女伶，貌美腔圆。

韩伯言一九三八年第二次进京寻师，不料尚云祥师已作古。其间与师母、师兄弟合影。右起：王凤章、刘化蒲、尚芝蓉、韩伯言夫人、韩伯言、李文彬。中坐者为师母尚云祥夫人不知怎么，他在热闹里生了倦意，退到角落，神差鬼使地练起了毛笔字。

有位小贩打扮的人找来宿舍，是韩伯言大伯，来京办事，特意转道看看小辈。他从来穿着不讲究，但褡裢里都是银圆，刚跟人谈妥生意，拿了定金。

推门一望，丝竹充耳，美女在畔，独有韩伯言不为所动地在练字，大伯感动万分，将褡裢里的钱都赏给了他，回到济南，还跟家人赞叹："不愧是韩家的好子孙！"

褡裢里银圆有两百多，够买房子了。累了躲清静，躲出了一笔钱。韩伯言晚年对韩瑜说："大伯早来一会儿，我还在吹笛子呢。我这辈子遇上的好事，没有超过这件的。"

幸运总是又险又巧，所以令人难忘。

第二件，英雄用武之乐。英雄无用武之地，是恨事，但应上机缘，你的本事一一能用上，还都高人一筹，快乐无比。

韩伯言在朝阳大学上修的是律师专业，一次去上海办理律师事务，逢上商家请客，各路人都有。酒席往往以唱曲助兴，有个人说："我唱《四郎探母》，不知在座谁会拉胡琴？"

席上无人会，韩伯言就应了。叫店员借了胡琴，一拉，名家的水平，惊了四座。那人原在韩伯言斜对面的座位，唱完了，就跟着回了韩伯言的座位，陪坐聊天，表示尊重。

韩伯言说："你的唱是正经学过的，还会别的么？"

问的是戏曲，会不会乐器或其他剧种？不料那人放下杯子，说："我还会这个。"站起来打了个形意的崩拳，发劲脆透，有意说给满席人："我师爷是尚云祥！"

韩伯言乐了，说："我师父是尚云祥。"那人死活不信，报了他师父的名号是靳云亭，上海形意拳高手，尚云祥早期弟子。韩伯言是喜欢逗趣的人，说："不信，咱俩就搭搭手。"

两人寻了个没人的单间，关门搭手，那人吃了亏，灰头土脸地回席。那人这晚上原想人前炫技，结果戏曲给比下一截，武功又给比下一截，什么兴致都没了。

韩伯言劝他："我跟靳师哥没见过面，但他必知道我。你回去问问，他说有我这人，你就是受长辈教导，不算输了。”

没想到那人更惭愧。

第三件，为人代过之乐。人生几十年，得做几件公益事，虽然个人遭罪受损，但利益了众人，这种快乐可以一生回味。

日本军占了济南，家人在济南，韩伯言急忙从上海赶回，没带什么行李，特制了腰带，插了一圈金条。当时管金条叫“小黄鱼”，分量大的叫“大黄鱼”。他腰里这一圈，是手边零散存的，大小黄鱼都有。

有一段山区没铁道，一车乘客得下来走，过了山，才有火车站。这段路不短，那么多人簇拥着走，难免有纠纷。韩伯言是爱管闲事的性格，说公道话，组织大家好好走，结果得了拥护，有人要拿小车推他走。

别人都说“您当之无愧”，乌合之众容易生乱，有人出来当头儿，大伙心态安定。韩伯言推辞不掉，坐着小车一路向前，威风凛凛。

结果转过个山坳，迎面坡上站了拿枪的土匪，居高临下，射击方便。土匪头子一个人从坡上走下来，问："你们一帮人，谁做主啊？"

大伙都傻了，韩伯言没反应过来，推车的小伙子已把他推了出去。既然推出来了，也不好喊停，韩伯言不动声色，任由着把自己推到土匪头子跟前。

很多年后，韩伯言跟孙子韩瑜打趣："当头儿没好处，威风一小会儿，坏事准找上来！"

土匪头子是个精瘦的人，病人面色。韩伯言下了小车，他上来拽领子，要抽耳光。韩伯言不受这屈辱，搭手发力，他面口袋一样重摔在地。

坡上的人都拉了枪栓，多是自制的土枪，也有正规军的枪，不知怎么来的，当时上海天津走私枪械，日本人也扶持中国匪患，给土匪送枪。

冲下来三四人，逼住韩伯言。其他人原地不动，保持着对整群人的射击位置，看土匪头子的脾气，做好大开杀戒的准备。

土匪头子起来，接过杆枪顶在韩伯言头上，说："你会啊！"那时说一个人有武功，就说他是"会的"。

这时候得搭话，否则一发狠就开枪了。韩伯言说："别说我会不会了，你要什么吧？" 土匪头子："什么都不要，要你命。"

看他的精瘦样，韩伯言知道他抽鸦片，鸦片昂贵，抽鸦片的没有不爱财的。韩伯言："这个要不要？" 示意他松松枪，把衣襟掀开，亮了腰带。

腰带是特制的，金条藏得严丝合缝，走路没声响，外表看不出金条型，便解下腰带递上。

土匪头子摸到金条，扯开一看，咧嘴笑了。韩伯言知道自己性命无忧了，便为大伙说话："老百姓不容易，没什么钱。再要他们的，没意思。"

土匪头子知足了，放人过去，临别时跟韩伯言说："你手挺快的。"

韩伯言威信更高了，离了土匪，大伙要韩伯言上小车，争着推。韩伯言开玩笑："我是再也不敢坐了，一出事就把我推出去，这谁受得了？"

脑门顶枪的事，还有一件。韩伯言的律师业务，主要是给家族开的电话局和电灯公司服务，兼任山东省省长马良的私人律师，两人是朋友。日军占领山东，马良就任伪职，韩伯言珍惜名节，跟马良断了交往。

去职后的韩伯言拿出家财组建行动队，企图火烧一所日军军需库。血性之举，毕竟没习过军事，事败被俘，在日军牢房里受刑，家里人付了重金也救不出来。后来是马良得到消息，出面释放的。

但马良了解韩伯言脾气，也没表功，不跟韩伯言见面。韩伯言不因受惠于人，而在大义上原谅他，向家人了解实情后，也没见他。朋友各走各路了，名节上，各人对自己负责。

历史清白，并有抗日义举，可惜六十年代受窘于资本家、律师的身份，大学生学历也成了拖累，每天要去派出所汇报思想动态，汇报完打扫卫生，等同义工。

都知道这老头会武。那年月，越有一技之长，越躲不开给人耍。一日韩伯言洒水扫地，副所长从后面过来，突然抱腰摔他。警察的擒拿格斗是对付凶犯的技术，骨骼架构研究得透彻，常人一被抱住，根本没有挪动的余地。

不能变招，便发力，韩伯言浑身一挣，烈马脱缰的爆劲，副所长的手就搂不住了，狠摔在地。事发突然，韩伯言是本能反应，副所长没轻没重，他也没法有轻重。副所长一时起不来，不知摔岔了气，还是摔蒙了。

当时警察、民兵日夜训练，素质高，旁边看热闹的正所长反应快，一下冲过来，手枪顶上韩伯言脑门，要压住他气焰，厉声说：“问问你，是枪快还是拳头快？”

韩伯言揣摩：“打了一个，不能再打一个。”所以正所长冲过来，没作反应，任由枪顶上脑门，但这么一问，藏着的霸气都出来了，说：“这么的吧，打个赌，你退开一步，我也退开一步，咱俩试试这事。”

正所长没想到他敢这样，不知道该怎么办了。僵着时，副所长清醒了，爬起来说：“我跟韩老头闹着玩呢。”劝开了正所长。

韩伯言还是天天来打扫卫生，但都知道这老头有脾气，不受人逗。

3. 埋琴三千里 弃书五十年

韩伯言是武人，也是诸城派琴人。现今琴人必弹的《关山月》一曲便出自诸城派，1911 年，传人王宾鲁在南京高等师范学院授琴，1919 年传人王露在北京大学授琴，诸城派开了古琴进大学的先例。

韩伯言身属诸城派，得缘于王露的入室弟子詹澄秋，韩伯言箫笛成就得早，参加文人雅集，与詹澄秋常作琴箫合演。二人平日在清晨习练，天未亮，便赶去相聚。搭档日久，韩伯言因而有了诸城派身份，与詹澄秋平辈相称。

其实詹澄秋是韩伯言的古琴授艺人，詹澄秋为人厚道，向韩伯言浅尝即止地学了一段时间箫笛，二人有了换艺之谊，方好平辈相称。

王露的北大之行，得了大名，也受了揶揄。周作人写王露北大首演，抱怨场地大，琴声小，听不清，远观好像一个人在打算盘。

周作人散文一贯揶揄古琴，博读者一笑。琴家郑颖孙想改变他的观念，专为他操琴，这回场地小，两三人。收效甚微，周作人写文：“琴声听得清了，只是丁一声东一声的，不敢说不好，也总不知道它是怎么好。”

社会上是“中不如洋、古不如今”的风气，1905年出版的《小学唱歌教授法》上亢奋地写着：“将来吾国益加进步，而自觉音乐之不可不讲，人人毁其家中之琴、筝、三弦等，而以风琴、洋琴教其子女，其期当亦不远矣。”

小学教材竟然向孩子们灌输“毁掉民乐”的观念。

王露进北大，是北大校长蔡元培聘请的，另一位古琴名家查阜西要蔡元培出面振兴古琴，蔡元培却拒绝了，说：“试过了。中乐是不行的，西乐已被肯定了。”

古琴是自我修养，弹给自己听的，非遇知音不弹，所以音量不大，一室之内，少数人品赏足矣。琴曲含着治世、达命的理念，琴音有山林归隐的逸情，也有王朝庙堂的威赫，常人亲近不了，没法在大庭广众中卖好。

与周作人成反例的是老舍。1941 年，老舍听到查阜西和彭祉卿的琴箫合奏，其时战乱，在昆明一所污秽小院。老舍感到琴箫之音洗去了处境的不洁，“大家心里却发出了香味”。

弹琴，是因为这“心里的香味”吧？

詹澄秋是诸城派一代宗师，作为他琴箫合奏的搭档，韩伯言说：“宗师级人物得弹琴去。”箫笛合韩伯言性情，学了便一日千里，轻易到高境，结识了詹澄秋，二人半师半友，开始深究古琴，自我期许能有造诣。

建国后，山东曲阜政府聘请音乐家考察孔府音乐，韩伯言是受聘者之一。琴师都会制琴，他给孔府收藏的古琴调整音准，修复残坏之琴。

并修订了孔府所藏的一套琴谱，将研究心得写作论文，反复推敲，六十年代完稿，寄往北京的中央音乐学院，一个月后给寄了回来，附信一封，大意是：“十足珍贵，妥善保管。运动马上开始，放在学院怕不安全。”

来信者对这场运动的预测是几个月，最坏两年，嘱咐韩伯言事过之后再寄来。来信者低估了，运动一来便是十年，不单在北京。在济南的韩伯言受运动冲击，放在家里的琴谱论文被烧毁。

运动过去，韩伯言没再联系那位音乐学院老师，没凭记忆重作论文，有一种奇怪的心态，不想让自己的学问流传。可以吹吹箫笛，不愿再动古琴。

韩伯言在诸城派中口碑好；詹澄秋年关缺钱，诸城派人落魄在济南，他都主动接济。诸城派老琴人们评论，说韩伯言伤心了，自废造诣，可惜下辈人见不到他的琴学。

建国后，韩伯言是济南市政协委员，被其他委员称为“四大委员”——大学生、大地主、大律师、大资本家，善意的玩笑话。

五十年代交心运动，一位干部鼓励韩伯言给自己提意见，韩伯言有顾虑：“说的不合适，你别整我。”干部作了保证。

韩伯言发言后，不久挨整，去找那位干部："咱俩不是说好了么？"干部回答："事情大了，不是咱俩的事了。"

挨整受不了时，又去找那干部，发现没法说了，因为那干部也挨整了。

六十年代，韩伯言有诗句"叶叶吞声随粪土，枝枝含泪向云霄。"指一次抄家，红卫兵把书画古籍堆在院中烧，火势旁窜，烧死了一棵石榴树。

孔府琴谱和尚云祥给的拳谱都毁在那一次。叶随粪土，枝向云霄——树烧没了，吞声含泪——指自己。

红卫兵抄家是想来就来，一天来了个单干的，拿杆红缨枪，顺着墙上挂的字画，一幅幅划破。把一张唐伯虎的画，挑下来卷在枪头，捅进火炉里。

韩伯言心疼死了，见他毁了画又摔瓷器，拦上说："小伙子，别摔了，你拿回家去吧。"

真听劝，他没摔手上瓷器，抱走了。出了大门，他就喊人，喊来一帮红卫兵，手上的瓷器是罪证，说韩伯言腐蚀革命小将。

剩下的瓷器都保不住了。

红卫兵年轻，不识书画瓷器，毁了没顾忌，见了古代兵器，则改为没收，韩伯言一柄可劈开铜钱的明朝宝剑便这么没了。对江湖暗器，更是小孩心性，看了喜欢，韩伯言收藏的袖箭和拐里剑被扫荡一空。

袖箭是藏在袖子里的弹射暗器，拐里剑是拐杖内藏着剑，用法是：两人发生冲突，你假意拿拐杖打他，他抓住拐一夺，等于帮你拔剑鞘，你正好抽剑一刺。江湖杀招，杀人个冷不防。

抢这些，不知是做玩具还是做凶器。

红卫兵搞串联，各地跑，民兵也如此。一日来了个民兵队长，拿出五块钱，说想看看韩伯言的功夫，自己老在外边跑，碰上的冲突多，要是韩的功夫好，就拜师学艺。

带着钱来，看着像是个讲理的人，韩伯言正考虑教不教，他就露了粗鲁，掏出手枪扔床上，说：“我就不跟你来这个了。”

意思是，不露功夫，我拿枪逼你。

韩伯言扶桌子起身，原地不动，叫他上前打。他一动手,就被按趴下了。韩伯言放他起来,解释习武有多苦,得下多大功夫。

民兵队长是险境里锻炼出来的人，十分务实，算计自己事业正旺，耗不起习武时间，知难而退，不学了。他来得快去得也快，倒是豪爽。

当时工人月工资二三十元，露一手功夫，挣五块钱，经济上合算，心里不是滋味。

世事无解，便要自寻开心。

一次批判会，红卫兵反扳韩伯言胳膊，要他认罪低头，韩伯言一低头，劲反到胳膊上，那孩子弹出去了。惊了，又来试。

韩伯言这回老实低头，一按就按下去了，小孩搞不明白了，嘀咕：“怎么回事，怎么回事？”看着他犯傻的样子，韩伯言心里一乐，三四个小时的批斗会也就过来了。

形意拳的基本功是站桩，韩伯言说：“练功还分场合？他们斗我，我就站桩。”上了批斗会，韩伯言总是全神贯注、身姿稳定，获得红卫兵表扬：“别的老头站一会儿,就晕了倒了,只有韩老头一站一下午,最认真！”

说韩伯言站得稳，是因为认罪态度诚恳，让别的老头向韩伯言学习。受过红卫兵批判，还要受街道批判，都是街坊邻居，也是一站半日，韩伯言的工作关系也转到了街道的运输大队。

说是运输大队，等同旧社会的脚行，光膀子卖脚力。舍不得买毛驴，自己当毛驴拉车，壮汉才能干的活儿。队长顾念韩伯言上了年纪，让他当运输队的会计，免去拉车之苦。

韩伯言过了一段安稳日子，可惜队长不安稳，犯了作风问题，跟邻居偷情，或是酒后调戏了女干部，被运输队开除。新队长觉得韩伯言太悠哉，不让他当会计，赶上街拉车。

被开除的队长经街道办事处安排，做了修理匠，补锅修壶。偶尔，扯膀子拉车的韩伯言能碰上走街串户的他。

1969 年，韩伯言离开济南，下放农村劳动，接受村委监管。遭亲朋故旧忌讳，有的十年不来看望。一个徒弟叫杨国才，无家无业，近乎街头流浪，不知靠什么维生，逢韩伯言生日，他必到。

他没钱买贺礼，山东有“油炸蚂蚱”的菜，他在地里捉上四五十只，编在树条上，来了下锅。韩伯言生日是农历八月二十五，下乡第一年过寿，别人不来，他追来了，还是拎两串蚂蚱。

每次他来，必喝多，一醉半日，醒了要剩饭吃，吃完就走。别的徒弟在饭桌上喝醉，必挨骂，唯独杨国才醉了，韩伯言不骂。

杨国才醉了没毛病，脑袋往桌上一趴，就睡过去了，小猫一样。他没醉时，也不跟别人拼酒抢话，不仗着自己得师父的宠而在席上出风头，自顾吃喝，本本分分。

一年临近生日，天天瓢泼大雨，乡下路没法走了。生日那天雨更大，韩伯言寻思，今年肯定没人来了，打卦算算杨国才，全当解闷，不料卦象显示，杨国才已经来了。

雨下得昏天黑地，韩伯言守着门，真等来了他。人被浇透了，手里还是两串蚂蚱。

韩伯言过寿，是杨国才到了才开席，不来不开席。在乡下如此，回城后也如此。韩伯言让孙子韩瑜拜杨国才为干爹，给孙子选干爹，竟选了个流浪汉，令人称奇。

此人自己还衣食堪忧，不可能在事功上帮助小辈，无口才，不会来事，傻实诚。让孙子亲近这样的人，究竟有何益处？难道是韩伯言可怜这个徒弟，让孙子拜他为干爹，有了名分，长大了好照顾他？

自有益处。

清末形意拳进入大都市，经李存义、尚云祥两代，第三代里有了文化人子弟，受家庭熏陶，自小嗜好音乐。韩伯言昆乱不挡、琴箫俱佳，李仲轩也曾学艺于评剧名角高月楼。

听李仲轩谈过，高月楼点拨弟子唱腔，会说世间杂音里有上好腔调，比如落伍大雁的孤鸣、走失孩童的泣音。大雁落了单，天地广阔，望不见队伍，叫也没用，但还是叫一声，是心里孤单，忍不住出声。

街头走失的小孩绝望了，不再大哭大叫，叫了也联系不上谁，心里悲，呼吸声便是哭音。雁鸣童泣，都是哭自己，不为别人听。说是上好的腔调，因为没了目的，不是作为，所以情真。

杨国才活得雁鸣童泣，上好腔调。

观他，便受益。

4. 绝句吟可唱 此身亦可老

明朝晚期，有一位来华传教士利玛窦，中西文化交流史上的著名人物，他介绍西方科技、传教有政治家手腕，获得后世高誉。

在南京一次文人雅集上，利玛窦与佛教贤首宗领袖雪浪发生论战。雪浪年谱上无此事，他则详细记录了双方话语，自评完胜雪浪。

国人看了，则是另一番观感，雪浪觉得他无佛学常识，还没资格跟自己对话，为给雅集主人面子，陪他说说，果然说什么都被曲解，雪浪感到无趣，不谈了。

雅集闲话不是经堂辩论，话不投机就闪了，雪浪本是来玩的。

利玛窦考察中国乐器，写道：“琴弦都是用丝线捻成的，他们似乎根本不知道可以用动物的肠子做琴弦这一事实。”西方提琴以动物肠子做弦，但万物品类繁多，非得用肠子么？

中国人没往那想，利玛窦便觉得不够聪明。

明朝官员认为他热爱中华文化，他写回欧洲的信件，却常作恶评，觉得这儿的人理性不强、感性不佳，哲学粗陋，音乐低端。

音乐对国人生活有何意义？不会演奏，在家里摆一件乐器也好，因为乐器有德，能够影响人生。德，长远的好处。

秦国以砍头数量来论功行赏，煽动利欲，打下天下。利欲是眼前好处，一统江山是长远大事，人人急火攻心，利欲熏天，国家就崩溃了。秦始皇死前两年，想改用利为用德，各地立碑，宣扬“秦德”——我有长远好处，大家等等看。但天下人不相信，举旗造反了。

德，是人心真正需要的，所以长远。华夏上古音乐能帮助人找到这个真需要，最好的社会制度也依据此需要而来，乐器含着王道之音，所以值得尊重，其造型对人有天然的影响力。

皇帝出殡的传统是不奏乐，抬着乐器默默随行，以乐器造型表达隆重。明清的书房设置是墙面垂挂古琴，悬琴而生静意。

武有武德，琴有琴德，两者相通，但琴人在文字上总结得更好，可给武人参照。不但习武，学木匠学屠宰，但凡学艺之人，受的品行教育都近乎琴德。

人间诸艺，以“琴棋书画”为归宗——去接近琴棋书画的理法和审美，金圣叹以画法批《水浒》《文心雕龙》以乐理说文赋。秦始皇设计了中央九卿制度，统领全国官吏，以乐官居于九卿之首，名为奉常，以乐理匡定政事……

音乐一度居于政事的首席，琴长久居于诸艺的首席。艺德，琴人说得更好，应该的。

琴德是自足、自德、自尊，不取悦他人，也不取悦自己。取悦他人不会真诚，取悦自己不会明智，取悦自己指的是沉迷于个人趣味，便难有提升了。

所以老琴人有言："琴弹人，不是人弹琴。"老武人也言："拳练人，不是人练拳。"老辈人的认识高度一致。

唐人薛易简总结，琴人失德的表现有七种：

一、目睹于他，瞻顾左右；

二、摇身动首；

太在意他人反应，太爱自我表现。琴人有德，对琴如对长辈，操琴如行礼，应当应分，不为引人注目。

习武也是避免人前显贵，在墙根阴影里练，在家里，在荒郊野外，在晚上……野兽养崽般躲起来，好功夫都是独处得来的。

三、变色惭怍，开口怒目；

四、眼色疾遽，喘息粗悍，进退无度，形神支离；

情绪失控，生理反应大，以为狂热才是艺术，实则感受肤浅、心胸狭隘；真琴人则是神交天地、气渺王侯，有从容开阔的风度。

任何手艺，都是积累神经反应的经验，培养手感、体感，涉及到气血。老辈人习拳，是把老师在家里养三年，不是技术内容多，为的天天看小孩的气血变化，三年是在调气血，调出来的孩子技艺精湛。

气血不到，技术粗糙。如一些天才体操运动员，退役后技术衰得快，其实不是他技术衰了，技术心里明白着呢，是年龄大了，气血衰了，技术想精湛也精湛不起来。

西方竞技体育是利用青春期荷尔蒙的“临界点训练法”，临界点就是“过分”，教练不管调气血，青春期孩子荷尔蒙旺盛，过量训练了，能自己调过来，适应了过量，技术上就提高一点，再过量，再提高……

但青春期一过，荷尔蒙降低，训练过量，自己调不过来，便颓废了。那就再招新一拨孩子，新人换旧人，反正源源不断，教练永远有业绩。

中国老艺人教徒弟，书法、武术、古琴、石匠等，都是一管管一生，从小给孩子调气血，不让他过早出成绩。这点成绩拿后半生成就换，不值得。

气血不单是荷尔蒙，指整个内分泌系统。在武术观念里，韧带和筋属于内分泌系统，是内分泌的按钮机关——观念奇妙。

清末有“太极十年不出门”的说法，练太极拳的都是王爷少爷，没有走镖讨生活的负担，老师可以给他慢慢调气血，临近四十岁功夫大成，一生受益——这叫有福气。

过早出师，气血不调，技艺没法精湛，凭用狠耍蛮获胜，逞一时之快得一时之名，最多过了三十四岁，便迎来衰退，只好以毒招、暗器、诡计来补充，走向了狡诈。侥幸赢了一辈子，也只是个打手。

所谓“表现出狂热的艺术冲动”，其实是学习的黄金时段没有老师调理，或是老师发现你品行不佳，练成了祸害大众，于是偷偷断了调理，让你一生狂态，难登高阶。老拳师授徒如此，老琴人老工匠都如此。

各行各业都有狂态之人，他自己控制不住，狂态是老师留在他身上的记号，供人识别——此人品性有问题，大家防范。

狂人危害不大，因为他水平有限。触犯了众怒，容易收拾他。

对于天性善良、只是离师过早的徒弟，因错过习武时段，功夫不好补救，对他的狂态可以补救，常用的法子是派后面学成的小徒弟去投奔这个“大师兄”，一块开镖局或是开拳场。

从小师弟身上，师兄知道了厉害，狂态就收了。知道自己功夫上成了遗憾，以后收徒弟推给小师弟教，保证师父的功夫传下去不出错。师兄有营业基础，师弟功夫真，师兄弟一辈子搭档——旧时代这种情况多，不忍心说破。

五、不解用指，音韵杂乱；

六、调弦不切，听无真声；

气血不调，妄谈技法。气血是师父给调理的，徒弟是“只缘身在此山中”，自己不知道自己的状况，旁观者清。

到了技法阶段，就看个人的聪明才智了，许多人都是大而化之，学了技法，但没有深究的思辨能力。说一个人基本功好，实则是思辨能力强。练习得再多，不深究到一毫一厘的程度，不具体到皮肤筋腱的敏感，出手便错。

什么是气韵？

气韵是很实在的东西，就是力度和角度的变化，看得见摸得着。说一张画“气韵生动”，是笔墨饱满，线条婀娜，那些下笔无力、墨色失控的画，构图上再空灵，创意再高雅，观之满眼病态，也不可能空灵高雅。

古琴弹的一个音，就是书法写一个点，得如新鲜大枣般饱满。书法和古琴落实在听觉、视觉上，都是穿透力；下笔要“力透纸背”，弹指击弦要如“剑劈铠甲”，得劈进去。

南唐李后主说写字的人大多不知道握笔，其实都知道怎么握，位置不差，但大家都不深究这么握是为了发力，指位握得再到位，其实跟大把抓没区别，失去了握笔的本意。

弹琴也一样，弹的指法谁都会，但不深究指法的发力，看着指法变化多端，听觉上变化不大。弹指发力单一，听着无趣，曲调变化再多，也补救不了——这种琴人被称为俗手，打拳也一样。俗，就是假装丰富。

调音不准，匆忙演奏，如同射击歪了准星，琴曲必失真。练一拳，便要找准这拳的力点和伸展度，才能求出此拳的拳劲。

师父给徒弟调身姿，要调很久。一个人号称自己是真传弟子，但师父的手根本就没上过他的身，怎么可能是真传？

力点和伸展度，需要师父顺着你的肌肉骨骼，拿手给你找出来，精细到个人，精细到毫厘，是徒弟都给找。一般学学，师父赚点学费，没必要找。

不好不坏是气候常态，朗朗晴空只是偶尔一现。老天让真才隐遁，成就庸才，是天之常道。庸才的特点是大而化之，似是而非，庸才遍野，积非成是，一门技艺就失真了。

七、调弄节奏或慢或急，任己去古。

庸才易失德，天才更易失德。庸才止步不前，天才走入歧途。有点才华的人都喜欢标新立异，功力上无法超越前人，就从创意上超越，另走一路，巧得大名。

任己——技法不精、体验不深，凭一时灵感，自由发挥。偏偏他是天才，天才有魅力，可以颠倒众生几十年，甚至得享身后名。

黄庭坚不让儿子学自己的字，曾说过这样的意思：“我和苏东坡都不行，我俩是才子字，随手出新，年轻人一望倾心。但这点新意靠不住，偏离书法根本，后人会说我俩怪诞。”

米芾说他俩不是写字，在描描画画。古人总是敬畏后人，觉得经过历史筛选，瞒不了后人。黄庭坚算错了，后人没说他怪，苏黄二人成为北宋书法代表，明朝清朝的书法是人人出新作怪的局面。

民国武术普传，后又海外传播，为适应学校制度和异域人群，拳理要预先全说，才能取信于人。武术以前都是秘传，师父犹如特务机构的上峰，指派任务只说一半，任务完成，报纸上出了新闻，下属才知道自己所做之事的目的。

师父要把徒弟闷住，小火炖汤一样，避免他过早出新。一旦任己，去搞“我师我心，我求我意”，得到的往往不是自由，而是局限，盆景植物般早早定型，长不大了。

树在挖坑埋土时要多仔细就多仔细，种上了，便要忘掉它——这是柳宗元讲的种树之道，让树完成自己的天性，不是完成种树人的喜好。治理百姓，要忘掉百姓，让百姓顺着天性生活。

技艺是个活物，琴技武技是慢慢成长，用理论预先总结它，便是伤了它。如种树治民，让技艺完成技艺的天性。

韩伯言五十八岁教拳，之前事业多，习拳是纯爱好，想不起要教拳。上世纪六十年代初，一位朋友跟他说:“现在人人平等,你是资本家,别总闷在家里,多跟群众接触,出了事，好有人说你好话。”

韩伯言领会，回应：“可以走动走动。”于是上街，他是挺随和的老头，有文化，说话幽默，能说上话的人都愿意跟他做朋友，小贩、售货员、退休工人的朋友交了一大堆。

清朝末年，国人对传统文化产生集体性的谴责心理，觉得是国家落后的主因，整个五十年代，这一心理得到最大规模的宣泄，乡下城里的庙宇祠堂多被废止。少数祠堂庙宇改成大众休闲场所，毁了大半，剩下的几个，人们反而爱去，骨子里还是对老地方有亲近感。

一日傍晚，韩伯言遛弯到一座小庙，空场有位青年练形意拳，韩伯言看了会儿。第二天早晨又去，见青年已练上了，心知这是正经练的。

早上晚上都去看着玩，在旁边一待半天。青年烦了，不让韩伯言看，说干扰他练功。青年叫乔明德，小庙晨练的人有认识韩伯言的，过来帮腔："你是旧社会资本家，好好在家待着，别到处玩。"

韩伯言乐了，有人让他别在家待着，有人又让他待着别出来，这可怎么好？打算走了，随口逗趣："练的不就是形意么？"乔明德不愿意了，要让韩伯言把话说清楚："你知道啊！你说形意怎么回事？"

韩伯言说："你练得不对！"一搭手，乔明德站不住了，一挣扎，给打出去数步。韩伯言说："我没名，我老师有名——尚云祥。"

小辈人的武林观念里，尚云祥等于形意拳，乔明德一听，这事没讨论余地了，尚云祥传下的形意只能说对。

乔明德不放韩伯言，一定要拜师。他住的地方离韩家不远，几条街便是，生活穷苦，是个街头弹棉花的。

当时人节俭，被褥里的棉花老了，不舍得买新棉，雇人给弹一遍，脏东西弹出去了，成赘的也弹开了，好手能弹得雪白，犹如新棉。

乔明德是劳动人民，作为交友，符合朋友“跟群众打成一片”的建议，但收作徒弟，韩伯言犯了愁。旧时代拜师，不但师父考量徒弟，师父也考量自己，武技和德行够不够？

旧时代，一般师父不死，自己不敢收徒弟，只能是“带带”，有人向自己学，领到师父家，师父发话“你带吧”，这才敢教，不会公然宣扬自己开场子收徒了。

师父在世，自己始终是个徒弟，不能称师父。前人的活法十分谦虚、十分退让的，有时候，师父看你谦虚，挑了人才，指定了让你带。

开山收徒，等于建一座寺庙，香火就此传下去了，上下几代人的荣誉命运，那一刻就注定了。武人开山授徒跟皇帝登基一个观念，皇帝登基一年后便给自己修陵墓，生死在一起、枯荣在一起，怎么开始怎么结束。

此事太隆重，收第一个徒弟，都战战兢兢，心理压力大，自己过不了自己这关，真要负这么大责任啊？

韩伯言还有层顾虑，师徒是旧时代的人际关系，现今提倡人人平等，最好别给人当师父……找到个折中办法，把尚云祥照片拿出来，跟乔明德说：“你给尚师父磕个头，我当你大哥。”代师收徒，传了他，嘱咐悄悄练，别对外说。

对外一提尚云祥，就是个大事，引人好奇，必有试探，自己功夫还没练出来，招人就是招辱。

练拳的都有哥们，一帮人相互比相互学，才有进步。乔明德有个哥们叫刘文慈，眼尖心细的人，看出乔明德身上有了变化，问：“你学什么东西了吧？”

乔明德受了自秘习武的嘱咐，关系再好，也不告诉。刘文慈便跟踪他，跟到了韩家的胡同。乔明德进了门，刘文慈便向街坊打听。

乔明德下次再去，刘文慈追上来亮相：“知道胡同里有个韩老头，旧社会大律师，你领我去吧。”

乔明德只好领他进门，韩伯言一看，又来了一个，寻思：“我不能总给尚师父收徒弟呀！”让刘文慈做了开山首徒。

嘱咐乔刘二人："门内叫大哥，出门叫大叔。"在韩家，两人是师兄弟，出了韩家门，刘文慈比乔明德晚一辈，得叫师叔。

5. 琴歌不自爱 受贬无人听

习拳光有师父不够，得有个彼此试验的搭档，二人年轻便一块玩，顾忌全无，性命相托的信任。乔明德跟刘文慈便是这样的一对，两人闭门研究，跟外人比武可以，不跟外人交流心得，自秘其技。

韩伯言教孙子韩瑜习武后，他俩嘱咐韩瑜："一定要吝技，别去外面讲，老爷子的东西好，说给外人，糟蹋了。"

外人听了，因为不是门内系统学习，凭着自己的想象推演，一定曲解。真传的话都简单无趣，下了功夫，才有趣。曲解的话都有趣有理，因为核心不真，要掩饰装修，富于迷惑性。

曲解之言传得沸沸扬扬，真传子弟听了也迷糊。小孩得了口诀，但功夫不成熟，没有自证自辩的定力，一听觉得言之有理，甚至认为是捷径，顺着走了，韩伯言名下的形意拳就走样了。

为保护师父，要让外界知道师父的信息越少越好。外泄的信息一多，外人就会借机修整，他自圆其说的话，就是比你的真传口诀听起来到位——真让人头疼。

这就是谗言，可以亡国灭种，惑乱一技，当然小意思。对于武人来说，吝技是美德。公之于众——是件特别可怕的事，因为大众会糟蹋它。

刘文慈在大明湖畔练拳，明里暗里会有人看，专门等着他转身。形意拳在民国时代普传，练的人多，大众不陌生，但尚云祥传给韩伯言的形意，转身特殊，犹如老鹰低旋，架势很大，一闪即逝。

都说旁观者清，这么大的架势，旁人就是看不明白是怎么动的，角度、轨迹超出了常识。刘文慈露过一次，惊了湖畔清晨的习武人。

听到议论，刘文慈警惕了，再没露过，一趟拳打到地方尽头，偷窥者觉得要有眼福了，没想到刘文慈一个立正，解放军操练“立定、向后转”一般转了过来。

韩伯言说：“咱们的拳，一个回式把八卦掌都练了。直趟打拳，也要贯彻回式的要领，身子是旋开的。别家的劈拳身上直楞，一劈再劈，咱们是劈转，一劈就转，再劈再转。”

通过教转身，传授回旋要点，这是尚云祥的教法，其他派系不这么教，或是为了普传而简化了。不含回旋的形意，身上的生硬，化不开敌拳。韩伯言叹息：“现今的形意，都是立定向后转。”

因为韩伯言有这话，所以当人偷看时，刘文慈就变本加厉，干脆做成军人操练，让偷窥者自讨没趣。

韩伯言当时的处境，由“跟群众搞好关系”变成“不方便接触群众”了。他一上街，群众会说：“老资本家又出来了。”

为免得显眼碍世，韩伯言不出家门了。有朋友劝他：“你得出去活动，你现在没钱了，身体一坏，你就什么都没了。”

韩伯言说：“怎么跟人接触啊？我不会了。”

朋友说：“刘文慈会啊！”

刘文慈心眼灵活，跟谁都挺好。他陪着韩伯言在大明湖散步，就没人说那些恶语了。

不喊资本家，喊武术家也麻烦。有次散步，拦上来一伙人，十多位，不忿韩伯言号称会武术，领头的招呼人：“这老小子！谁上？”

韩伯言说：“跟我试试，都想上吧？我喊一二三，你们一块上。”说着话，变了脸色，瞅着能杀人。

结果没一个人敢动手。他们散了后，刘文慈还紧张着，因为也被韩伯言刚才吓着了，韩伯言开玩笑：“咱爷俩不管功夫好不好，先把人唬住了！”他轻松，刘文慈也轻松了。

功夫上升的阶段，会禁不住地好斗，刘文慈频繁比武，遇上一场恶斗，失手打伤了人。韩伯言买了一袋米，带刘文慈登门道歉。出了人家门，刘文慈愧疚让师父亏了钱，韩伯言宽慰他：“还好，是咱们看别人，不是别人看咱们。”

韩伯言儿媳妇有个哥哥，叫任怀珠，是上过朝鲜战场的退役军人，经历过生死，只认杀招，对花拳绣腿看不上，听家里人讲韩伯言教拳了，也表示要学，亲戚间说话直率：“跟您学是跟您学，我得先试试。”

韩伯言师承的形意在民国武林是一线地位，年轻一代人无知，就不计较了。一试之后，任怀珠出门买了四包茶叶献上，就此拜师。

问了师承渊源，是名门中的名门，大感意外，更加恭敬肯学。

韩伯言师徒在大明湖畔练拳，等晨练人差不多走光了，去一片向日葵后面练大杆子。一日，任怀珠把大杆子递到韩伯言手里，说：“您拿这个。”意思是，别光让我们练，您给显示一下。

刘文慈和乔明德不敢做这事，只有他敢往师父手里塞杆子。韩伯言是山东老辈人做派，待儿媳妇如待上宾，非常客气，儿媳妇面子大，她家人说话，也认真对待。

韩伯言看出刘乔二人也很想瞧瞧练大杆子的前途，便顺了任怀珠的意，把杆子贴在旁边的小树上，一捅一收，来回拉扯。

这是大杆子的基本功，叫“涮杆”。筷子夹着羊肉在火锅里涮，是要转的。狗熊后背蹭树，是打着圆蹭的。大杆子贴树皮拉扯，杆身也要转的。

形意、太极、八卦拳法不同，三家的大杆子都一样，古战场马战长枪术的遗法。敌人兵器直刺而来，不是像棍法似的“直来横挡”，抡出一条横线去架去拨，而是“直来直去”——你扎，我迎着扎，兵器相触，由于我的杆子上有旋力，碰上一点，就把你的兵器弹开了。

弹开一点，就够了，得点空隙，就够我扎上你了。枪法势不可挡，因为省时省力，抵挡和进攻之间的过渡缩到最小。你反攻要“一挡一击”做两下动作，我几乎是一下，当然我快。

韩伯言涮杆数下，一个回拉，旋力爆发，小树咔嚓断了。吓呆了一圈徒弟。

事后，刘文慈请任怀珠去汇泉楼吃明湖鲤鱼、九转大肠，吃完了又请泡澡，只为他往韩伯言手里递杆子，说："你让我开了眼。"

乔明德个头高，脾气烈。大明湖畔有个老头开场，教了一圈徒弟，碰上乔明德说："你能打过你师父么？"乔明德是对着尚云祥照片拜的师，纳闷了："谁能打过尚云祥！你听过么？"

老头："我说的是你真师父——韩老头，你打得过么？"乔明德哑了，没法应这话。徒弟好意思说能打过自己师父么？但说打不过，老头又会说："你太差了，你师父白教你了。"左右都受嘲讽，不能应这话。

见乔明德憋屈，老头上瘾了，见面总这么逗。忍了多次，乔明德想出应话："我跟我师父比不了，我能把你徒弟都打了。"

老头是逗闲趣，听出这话能变成真的，呵呵一笑，

韩伯言保存的尚云祥像

韩伯言晚年所作《形意论》

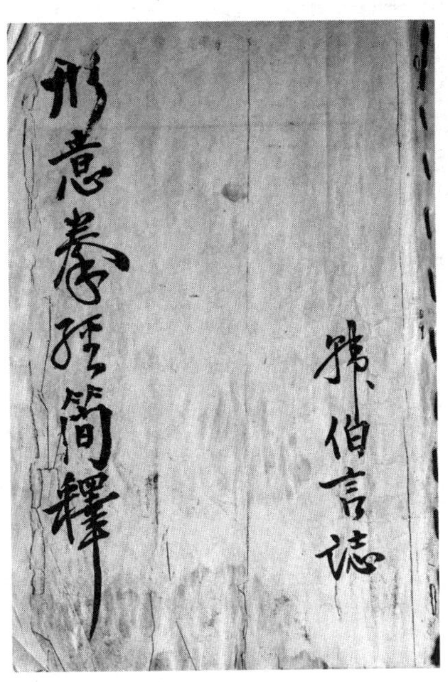

韩伯言作《形意拳经简释》

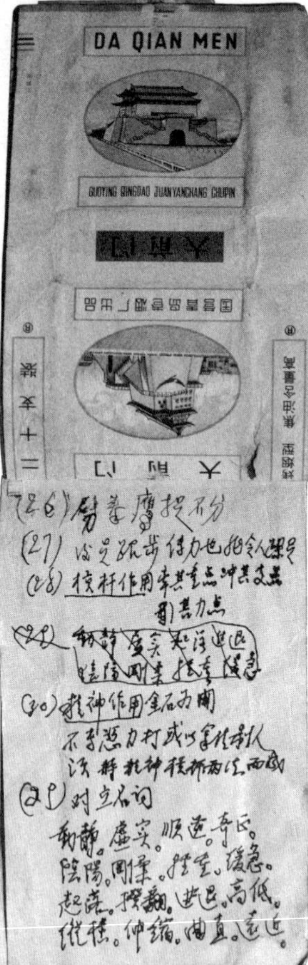

韩伯言在烟盒上写的《形意拳述真》正谬（共三十六条）

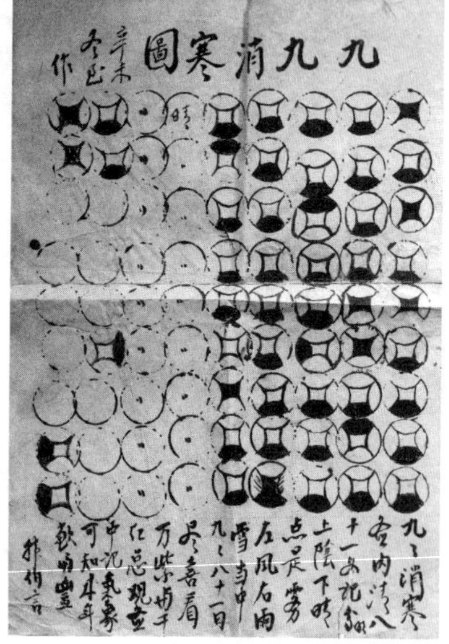

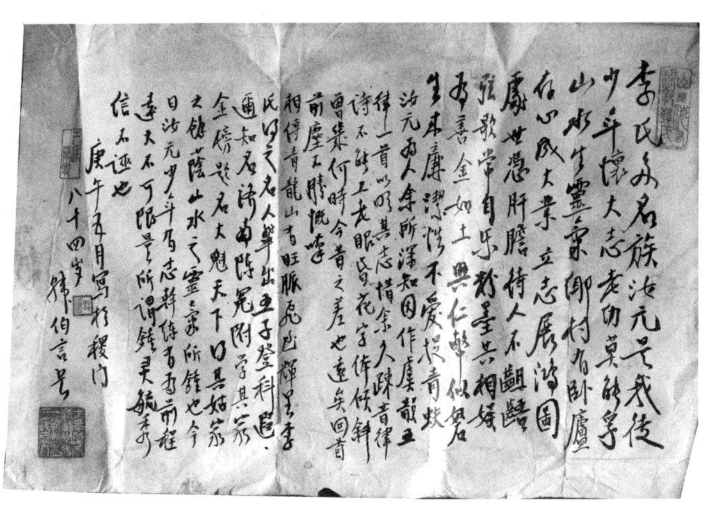
李氏分名族汝元是我徒
少年怀大志老幼莫能学
山水生灵之家卿村有卧庐
在心成大业 立志展鸿图
处世凭肝胆 待人不龃龉
弦歌常自乐 翰墨共相娱
本善金如土 与仁帮似磐
生来廉洁性不爱拔青蚨
汝元为人余所深知因作虞韵五
律一首以明其志惜余久疏音律
诗不能工衣眼昏花字作倾斜
曾集何时今昔之差也远矣回首
前尘不胜慨叹
相传青龙山右旺脉应出辉星李
氏以之名人辈出王子登科道、
通知名湾南陈冠附学其家
金榜题名大魁天下日其姑家
之钟荫山水之灵之家所钟也今
日汝元少年有志能传青春前程
远大不可限量所谓钟灵毓秀
信不诬也
庚午五月写于稷门
八十四岁 韩伯言书

韩伯言八十四岁写五律诗赠李氏弟子

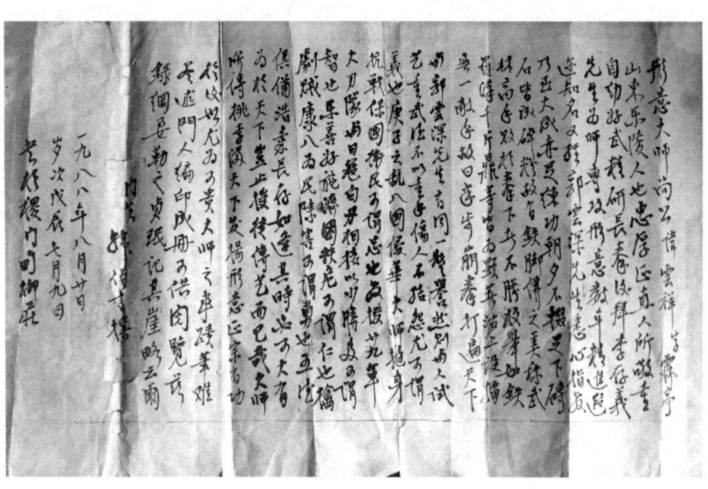

形意大師尚公諱雲祥字霽亭
山東樂陵人也忠厚正直人所敬重
自幼好武精研長拳後拜李存義
先生為師專攻形意數年精進遐
邇知名又拜郭雲深先生悉心指點
乃至大成其足練功朝夕不輟足下磚
石皆碎裂故有鐵腳佛之美稱武
林高手敗於拳下無不勝故譽如鐵
羅漢千斤鼎等皆為數無法止設擂
無一敵手故曰半步崩拳打遍天下
如郭雲深先生言同一教誉然別為人試
藝重武德不以重手傷人不結怨尤可謂
義也庚子之亂八國侵華大師挺身
抗戰保國衛民可謂忠也友援廿九年
大刀隊為日寇白刃相接以少勝多可謂
智也樂善好施濟困扶危可謂仁也擒
劇賊康八為民除害可謂勇也五德
俱備浩氣長存如今逝其時亦可大有
為於天下豈止授徒傳藝而已哉大師
所傳桃李滿天下發揚形意正宗有功
於後世尤為可貴大師之事跡筆難
盡述門人編印成冊可供閱覽茲
錄其要勒之貞珉記其崖略云爾
內黃 韓伯言撰
一九八八年八月廿日
歲次戊辰七月九日
書於樱門町御苑

韩伯言撰写的尚云祥墓志铭

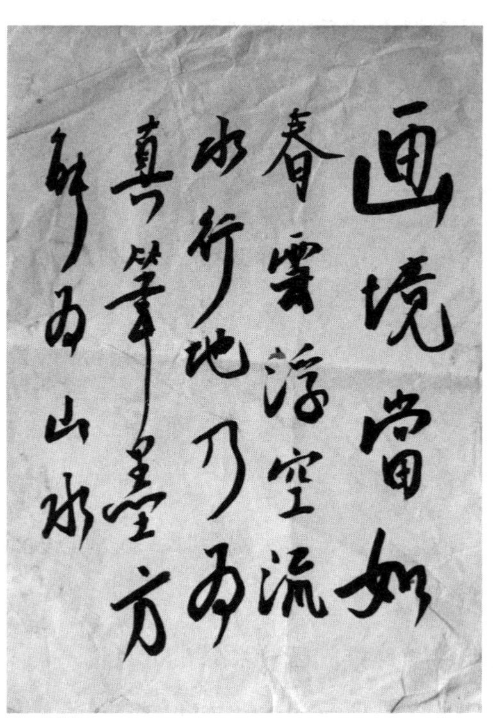

韩伯言以画境喻形意拳的化劲

过去了。安稳了一段日子，习惯使然，一天碰上，老头没控制住自己，又逗上了。乔明德没理他，几天后，老头的几个得意门生被乔明德打了。

没在大明湖畔老头场子里打，找上家门私下比武。上岁数的人受不了憋屈，要是坏了场子，当众伤了面子，真没日子可活了。

几个挨打的人反而跟乔明德建立友谊，知道他不是耍蛮斗狠，是技高一筹，赢得有道理。

那几人忠厚，一辈子忠于师父，学艺到老头过世。输了，也不改换门庭，形意拳有道理，自家的拳也有道理，一次输赢，连祖师爷都否定了——这种人不配习武。

人人急功近利，一吃亏就叛师，武术必灭绝。

跟乔明德一样拜尚云祥照片的，还有一人，韩门对外不提。此人本是形意门人，与韩伯言同辈，力大过人，一日拎了两桶水来，大叫："韩师哥，开门。"说是给韩家送水来了。

韩伯言开门一看，心道："这是向我露劲来了。"既然人家显了力气，得有应对，韩伯言将手贴在水桶上，也露了下劲。

此人当即表示想学这手劲，两人平辈人，韩伯言不好让他拜自己为师，便把尚云祥照片请出来让他磕头，下不为例，又帮尚云祥收了个徒弟。

活劲神秘，习拳得活劲者寥寥。写字弹琴都是用活劲，也是得者寥寥。写字要把字写出劲来，不是笔头在纸上硬捅硬划，五个指头握在笔杆上是五个方向，笔下有“提顿收放”的弹性。

弹琴也不是指头硬敲，基本手法是拇指搭食指、虎口呈三角形，以这个三角形去弹，不是一根指头的单一发力，要弹得整根弦从头到尾振动，揉起来才能生韵味。干脆之音和缠绵之韵，都是弹性。

先掌握好自己的劲，下一步再掌握物理。所谓物理，是体会工具的性能。遇到上品狼毫、唐朝的琴——这类神器能提升技艺。

对神器如对天地，天地里出奇物，参天大树、百年狐狸、美玉美人，你不能不尊重。由己力体会它力，心思锻炼得深邃。

说一个人天赋高，是他感受力强。对美食美人味同嚼蜡的，大有人在——无感，尚是好事，许多人是恶趣，学什么都是在糟蹋什么。小时候喜欢拿开水浇蚂蚁窝，成年了喜欢要挟别人，都是恶趣，不能教他，教了必玷污上下三代。

韩伯言是出手大方、乐于与人分享的天性，涉世日久，被辜负的事多，人一伤心，眼力便深了。晚年学尚云祥卧床待客之道，有人来访，一眼看出其品行，倒头便睡。

访者不断，难得起身。

也有人抱着“有志者事竟成”的算计，一来再来，见韩伯言睡觉，自己从屋角拿马扎坐在床前，一坐半日。赖皮如此，后患无穷，更不能教。

睡觉还被人盯着，韩伯言终于不耐烦了，起身对他挑起二指，做出一探一收之状。来人糊涂了，问这是什么，韩伯言回答：“白蛇吐信。”说是形意拳蛇形的一式，来人问怎么用，韩伯言：“虚晃一招。”

那人非要问出个实在用途。

韩伯言无奈了："挖眼。"

那人比画了比画，觉出是调侃，不再来了。

还有一个坐马扎的人。他之前买了礼物，要韩伯言演示拳术给他看看——拿了礼，做的事却是轻贱你，韩伯言睡着没理他。

那人一日喝了酒来，拿马扎坐在床头，坐久了，仗着酒劲，拽韩伯言衣服。竟然躺着也躲不开，韩伯言起身解释，拳不是看看的事，不是一朝一夕能会的。

那人听不进，非要看。躺着睡，已是避世避到了极限，不料还有赖皮、耍酒疯的逼法。韩伯言无奈，起身打了个八卦掌的穿掌，告诉练法："一步一穿掌，打远了，回身再打。"心知这么简单的，他也练不成。

那人看到了，就此满足，以后果然没练。

装睡，大多数时候还管用。拳术是师辈的智慧总结、自己辛苦练得的，就不满足闲人最粗浅的好奇心了。闲人有闲人的乐趣，不必沾拳。

琴歌是依琴曲而唱的歌，因滥传而变质，因变质而废，琴歌已走完了这一过程，拳术要警惕此危险。

诸侯王者是一地最高祭祀人和最高音乐人，周朝的乐官独立于官僚体系之外，属于祖宗家法的系统，乐官发言是群臣议事的最后一环，如果不按乐官的裁定，硬去实施了，乐官可以持保留意见。

乐官的保留意见非同小可，要上史书的，乐官有记史的权力，硬是要留下与王者逆反的记录。春秋战国，礼崩乐坏，至汉朝，皇帝修养差，作不了最高音乐人，乐官失去史记、裁定、劝谏的权力，但身份地位还保留着，至宋朝，乐官彻底丧失尊位，成为官僚体系中的一环，降为中下层的服务部门。

琴原是王者之歌的伴奏乐器之一，孔子的琴技学自于鲁国乐官师襄子，“师”是乐官职称，京剧里的“老太师”掌有兵权，其实“太师”是乐官职称，不掌兵权，但周朝礼仪是行了音乐典礼后军队才能出征，军乐伴随战役各环节，在文字记录上，可以用乐事指代军事。

好像现今生活里，谈事往往是赴饭局，“吃顿饭”

指代一次社交。

民国武术家姜容樵整理流传河北地区的太师鞭法，出书作序，写了个困惑，他遍查历代军事编制，没有“太师”职称，但老辈武人都这么说，真不好否定。姜容樵尊重口口相传，以《太师鞭》做了书名，为今人留下了前秦时代“乐事即军事”的民间证据。

中国的民间有贵气，因为儒家的主要事业是将王侯礼乐移植给平民。孔子教导门下，君子要每日操琴，不操琴，必是发生了重大变故。

琴成为中国乐器的首席，跟孔子爱琴有关。

汉朝后的历代文人尊孔，但琴也确实好，琴在庙堂合奏上没有突出地位，琴以独奏赢得人心。

乐官其实是理想中人的状态，既能参政议政又有独立性。琴是独立者的自弹自听，乐官后来名存实亡，琴的地位上升，或许是种补偿。

古代是先有琴歌后有琴曲，因歌作曲，为歌伴奏。宋朝人已认为琴音比人声微妙，明朝虞山琴派甚至有意废止琴歌，认为“因词害曲”，歌词局限了琴曲意境的广度。

琴歌往往托名古代圣贤所作，伪作量庞大，词汇粗陋，累积到明朝，令人生厌，招来了文人废琴歌的局面，琴歌精品被连累，一并受贬，之后两百年，唱琴歌成了低端事。

“滥竽充数”是恶相，终会伤宗害祖。拳术滥传，伪作淤积，也必遭轻贱。

技艺上宁缺毋滥，尚好坚守，生活上宁缺毋滥则太难，人生苦短，不过几十年光景，耽误不起。人怕蹉跎，便会妥协屈就。

韩伯言的京剧老生和京胡出众，二夫人是一时名伶，教拳是老年以后的事，壮年已开始教戏。一位向他夫妻俩学戏的女徒弟，人长得漂亮，运动来了，在单位里挨整，领导私下要挟，说跟她好上，就不整她了。

她回答：“您还是整我吧。”

这件事，她来韩家说了。韩伯言无奈，一身武功帮不上忙，给她写了首诗。她姓李，诗的大意是：唐朝皇室姓李，你家祖上曾经开创了一个王朝，你不受小人要挟，活得硬气，对得起祖宗。

姓李就一定是唐太宗李世民的后代啊？只能以这种古怪的逻辑去鼓励人了，因为时代的逻辑更古怪。

这个女人受了鼓励，以后运动不断，她一直挨整。

6. 以心洗流水
秋云暗几重

武行闲言多，常人不正经看武行，总按武侠小说看武人，非要谈奇说怪。有个外地武人来韩家拜访，也是老头了，聊着聊着，说尚云祥是个奇人，武功那么好，可惜一只眼睛是瞎的，奇在视线受局限还能赢人……

韩伯言听了，就阴了脸。那人忙解释是他听来的，远在某省的某人说的，韩伯言立刻换出门的鞋。那人瞅出不对，喊："韩师哥，您这是干吗？"韩伯言："咱俩现在就去坐火车，去找说这话的人！"

那人忙劝，韩伯言不受劝，越劝越气："啊！老师瞎了，我还不急？"那人瞅着害怕，连忙告辞，出门就跑。韩伯言说："你跑吧，下回小心。"文明了一辈子，追出去骂街的心都有。

好几天怒容缓不下来，大病一场的难受，跟家人说："我是尚师父的徒弟，老师是我亲见的。我还活着，老师就给人糟改了！"

韩伯言是大学生，师徒缘分在尚云祥去大学任教时，习惯性地叫尚云祥"老师"，别的徒弟都叫师父，老师几乎是他独有的称呼。

从小家境好，助人为乐的事做得多，韩伯言年轻时养成了大心胸，老了受益，窘境里不生气，实在不痛快，编两句话幽默幽默，把坏事变成名句，也就调整过来了。

比如下放农村，转成文字"牧马荒郊"，倒是古代受贬的忠臣义士的意境，岁月蹉跎，活成了风骨，倒也不错。

但别人糟改尚云祥，这事没法转化。师徒之情，不是以相处的几年为标准，师父过世了，徒弟也惦念着，以徒弟此身过世为标准，至死方休，几十年的感情。

事发当晚，韩伯言写日记“先师眼瞎”，恨恨不已。

开门授徒，当师父的，总会遇上个蛮人来做徒弟，似乎老天特意要考考你，看看能不能降伏。

很怪，教了一辈子徒弟，碰上天才欣慰，碰上鬼才兴奋，往往是最喜欢这个蛮人。因为蛮人感情真，一旦认可了你，便没有半点虚假，最为感动师父。

尚云祥门下有刘华圃，韩伯言门下有沈西刚。

沈西刚蛮力过人、性格暴烈，小时候挑水回家，倒进缸时洒了点在缸外，母亲说他两句，一下发狂，把缸给砸了。长大后，他是几条街的霸道人，他不欺负人，但你的言行让他不顺眼不顺耳，一思考，得出结论你不是好人，就找你打架了。

爱讲理的蛮人最可怕,他有他的正义感。都叫他“鞑子”，因为没法跟他讲理，他有他的理，似乎生长在边陲大漠，跟别人的生活常识不一样。

鞑子主要是隋朝时对突厥人的称呼，隋朝时突厥人大规模改了汉姓，跟汉人通婚，汉地再无突厥一族，汉人有了突厥血，家里小孩生来顽皮，开玩笑认作是突厥血统作怪，唤作鞑子是昵称。

听说刘文慈会武术，他不服，非要较量，不想挨打。知道是韩伯言教的,便找上韩家来拜师。韩伯言一看,呵,整个是刘华圃的翻版，生出调教之心，当即收了。

当年在尚门学艺，韩伯言见到刘华圃时，刘已是江湖大佬，早被尚云祥调教好了，望之威严，处之温和，说话办事都极有分寸。没见过刘华圃年轻时的野蛮，只是听说过，看到沈西刚就等于看到了。

拜师后，他见韩伯言打自己比刘文慈还轻松，彻底服了，忠心耿耿。他一表忠心，韩伯言就头疼，因为难免过分，但他发自肺腑，又不好说他。说他，他会伤心。

他陪韩伯言出门，公共汽车到站，候车的人都向上挤，他挺身拦住，将人们顶出去两步，空出车门，让韩伯言先上。

熟人见了韩伯言叫“伯言”，他就抢上前训斥：“伯言也是你叫的！”

刘华圃成了材，沈西刚夭折，韩伯言没来得及调教。运动起来，红卫兵到他的胡同抄家打人，他觉得小孩们过分了，讲理不成，动手就打。结果被判刑，送去新疆劳改。

他是坚持自己道理的人，觉得事情不对，脑子不会拐弯，没有“隐忍”二字。他在新疆，跟管教人员发生冲突，大打出手，打死两人重伤三人，经过几场批斗大会，当众枪毙。

传言他死前还是一脸不服气的蛮相，让人看了感慨：“就是个鞑子。”

他的死讯传来，韩伯言伤心了，跟朋友讲：“习武壮胆气，他不跟我学，不敢动手，就不会死。”朋友劝他，说沈西刚是个蛮人，习不习武，该发狂都会发狂，不用太内疚。

但韩伯言始终认为自己要负责任，后来技击上的事就不愿意谈了。

不为时事所动，自己有自己道理的，还有一人。在武学上，不是严格意义的徒弟，是义子，韩伯言的京剧身份上论的。他叫刘传海，在苏州京剧团唱花脸。

京剧院有一位名旦叫胡芝风，解放后，改编新戏《铡美案》里最早演秦香莲的人。胡是大青衣，身材好容貌倩，耀眼的美人，追求她的人很多。枪打出头鸟，运动来了，批斗她的人也很多。

刘传海觉得不对，认为胡芝风专心于艺术，是个好人。一旦批斗过火，他就挺身而出，保护胡芝风。胡芝风感谢他，他说自己是穷孩子出身，穷人的美德是抱打不平。

遇难时，这种纯良的品性特别感人，两人接近了。京剧院有个武生革命意识强，看不过去，觉得批斗你作梗，原来别有所图，是要跟人家谈恋爱啊，私心太重！

武生约他打架。花脸哪能打过武生？

戏曲界的传统是，武生学的“武”是两套，两套武可以相互促进。一套是戏台表演体系，一套是真打的狠手，因为旧社会戏班天南地北地巡演，遇上流氓滋事，武生得出去打。八九岁开始学戏，老师会故意放他们出去打架，从小培养敢打的意志。

专业练武术的，三分练七分养，一般是一天练功两小时，最多三个小时，往往还隔天练。三个小时，也是五分之一做抻筋拉骨的伸展运动，五分之一做放松肌肉的散步。

如果集中训练，练得多睡得更多，一天四觉。

早晨四点练功，练到六七点，睡到十点，起床后打拳到十二点，再睡午觉，下午两点起床，一半打拳一半做伸展运动，或出门遛弯，走到下午五点再睡，睡到晚七点——叫黄昏觉。

晚七点到十一点，一半打拳一半闲着，想想拳理，跟师父聊聊，十一点前上床，睡到第二天早晨四点。练拳要调气血，越娇气越好。

学戏耗不起时间，练戏台上的武，就忙得不行，剩下点时间赶紧练江湖打架的武，练了这个再练那个，拿彼此当调剂。

专业练武是能睡就睡，专业学戏是熬鹰似的不让睡，一天到晚不停，把青春精力逗出来，所以有“三年把式（练拳）打不过当年戏子”的说法，头三年，练拳的往往打不过学戏的，因为你一天最多练三小时，他一天最多睡三小时，进步能一样吗？

王道无近功，大器必晚成，过了三年，预期的效果出来了，练拳的才能赶超。

武生约架，等于是约人去挨打。刘传海觉得没法赴约，托人表态：“我学的是唱，他学的是打，想约架，总得容我也练练吧？”

武生答应了。刘传海带了长笛、京胡几件乐器作礼物，来山东找义父了。韩伯言分析，武生出手快躲闪快，会指东打西的连击，跟他打，就得放弃中远距离，只有贴上去才有胜机。

教了个小臂护头的冲势和一个“鹰捉”发力。

刘传海貌似张飞，虽达不到沈西刚那种斗兽的程度，也天生猛力，回了苏州专练这两个东西，竟然速成了。武生等急了，再约架时，刘传海抱头冲近，一个鹰捉将武生抛出去了。

声势吓人，武生没了再打的心。

特殊境遇里，刘传海展现出来的全是美德，英雄好汉。胡芝风本就感恩，亲近生情，两人结了婚。

约架的武生专程拜访过一趟韩伯言，挨了打好奇，想看看刘传海背后的高人。他说刘传海人好，拳更好，自己也想跟韩伯言学。不知是一种友好的表态，还是真想学。

鉴于他跟刘传海毕竟打过一场架，变成师兄弟，就泯了恩仇，同在一个单位里好相处。韩伯言说："愿意来，你就来吧。"

但那个时代，人人的时间都不是自己的，京剧院里事故多，韩伯言不久也下放农村。学拳事，便你不凑巧我不凑巧地错过了。

特殊境遇下的感情不长久，生活正常了，便不适应了。"文革"过后，刘胡二人慢慢生活不到一起，好感情变了味，两人精神消沉，胡芝风给韩伯言去了长信，起首称呼是"爸爸"，讲述自己的心态。

韩伯言劝刘传海，不难为女人了。刘传海认了这道理，离了婚。

韩伯言教拳,“文革”前一个状态“文革”后一个状态。“文革”前教拳,是老做派,师父和徒弟是最直率的人际,没有客气的,瞅着不对就骂,徒弟犯浑,师父拿烟袋杆抽。

有个徒弟常挨打,每次来必挨骂,额上暴青筋还忍着。再浑,最底线的道理还在,明白学艺都这样,师父是为他着急。

“文革”开始,韩伯言回避了徒弟,不要他们再登门,师父的德行是,遇事不拖累徒弟。得知韩伯言要被下放到农村老家,不知一去几年,不知等着的是什么际遇,徒弟们要给凑笔钱,韩伯言禁绝了此事,另有安排,想自己有一位亲戚有钱,就不给徒弟们添负担了。

一辈子没向人讨过钱,找上门去,却无果,那位亲戚正受困,自顾不暇。求人只求这一次,不再向他人伸手,凭着手边的几块钱下了乡。

其实比待在城里强,只要不离村,生活自由,少有骚扰。此村是韩家发迹地,几代人回报乡里,出资公益、抚恤孤寡,祖辈人积德,村人还记得,对韩伯言习惯性地尊重。

见他岁数大，村长有心袒护，看了档案材料，知道是武术家，为减轻劳动强度，要村里年轻人跟他学拳，折算成部分农活任务。沈西刚之死，对韩伯言是个沉重打击，不愿意教人技击，就教小红拳。

成了孩子王，倒也快乐，孩子们感恩，平时捉鱼孝敬师父，还会借民兵的步枪打大雁和兔子，给韩伯言老两口改善伙食。

小红拳是长拳的一种，作为身体素质训练非常好，在河北山西流传普遍，许多形意老前辈少年时都练过小红拳。

还是忍不住在小红拳里穿插一点形意。残存的这么一点东西也招祸，村里年轻人去打架了，这点东西足够伤人。

村委会非常气愤，觉得韩伯言教坏了年轻人，逢当赶集，远近几个村的人都在，村委会把韩伯言送去集市挂牌游街，一路低头认罪。

脖子挂的牌子上，写的批斗语由四大变成了五大，五十年代的“大学生、大律师、大地主、大资本家”之外，多了个“大坏蛋”。

那时写批斗语往往会加上“大坏蛋”，孔子像、菩萨像头上也贴这个，显得严重程度又上了一层，但没定罪没定性，写批斗语的人算是手下留情。如果写成“大反革命”，群众可以打残这个人，写“大坏蛋”也就是受受耳光挨挨骂。

此次批斗，令韩家和村人世代的良善关系崩溃，以后公社里丢了东西，都先搜查韩伯言住所，明知道他不会偷，也要这么办，表明他是敌对阶层的人。

这么做，本意是敌视，不是侮辱，但以后查坏事都是从韩家开始，不是侮辱也成了侮辱。教拳，教得人格尊严都没了，韩伯言请求村委收回委派的任务，别再让他教拳了。

村委认为，年轻人打架，是他没教好，不是组织下派的任务错了。不撤销任务，也不明确让他继续教。事情糊里糊涂的，徒弟们再来，韩伯言没法不教也没法教，从此教拳不骂了，看着小孩们技艺不精，心里着急就心里忍着。

“文革”前脾气大，“文革”后没脾气。韩伯言七十五岁过生日，当时离了老家的村庄，还没正式回城，转到一个农业林场工作，徒弟们赶来庆生，餐馆里吃完了，徒弟们骑车送他回住所，他坐在一人车后座上。

酒喝多了，风一吹睡过去。结果跌下，摔伤胯骨。韩伯言感慨：“腿一坏，二十年修为没了。”

真是什么脾气都没了，回了城，十年前教的一拨徒弟们成了武术家，都是成年人了，也不好再像以前那样打骂。

韩伯言年轻养成记日记的习惯，有几木箱日记。他那时抽琥珀香烟，没有过滤嘴，日有所思，便写在烟盒锡纸上，写完随手贴在墙上。

日积月累，韩伯言住所四壁碎纸，满是闲言片语。一个徒弟来拜见师父，见此情况吓坏了，当即发狂：“您怎么还不接受教训？”说四壁纸条全是罪证，会招来批斗，都给撕下来了。

徒弟毁师父东西，放在旧时代是逆了天。家人担心韩伯言出手打他，不料韩伯言只是跺脚赶他走，家人的反应，反让他有一份可怜，说："他那么做，是心里害怕。"

回了城，总在床上躺着，一半真疼一半假装，对家人言："胯伤了，正好。不能动，能回避许多事。"有人来拜师，韩伯言失笑："腿残了，身上做不出东西，让我怎么教？"

来人走后，韩伯言对家人言："我教出过几个人才，已经够了。现今人心机巧，不再尊师重道，多是想占便宜蹭点东西走。没心正经学拳，只想蹭拳，我还教什么？"

7. 师友凋零尽 一哭守孤城

唐太宗时期，琴师尚有较高地位，唐玄宗之后，唐皇室不爱琴音的习性直率地表露出来，琴师地位下降，从皇家庙堂退居于文人书斋。

也好，正可潜修默练，琴艺正是此后才得以深湛。不得重用，便发挥潜移默化的作用，不离不弃是儒家策略，心宽意坚是儒家品格。

琴是儒家的情感抒发，儒家以平民身份从政，谋不得一时痛快，谋求赢在长远，要容忍许多不如意事，个人修为上，首先要求心量宽大。

琴的儒家背景，令琴的艺术观更强调用心，心先技后。书法绘画的正统艺术观，也说“意在笔先”，跟琴保持一致。

清初文人金圣叹否定“意在笔先”，提出了“笔在意先”——由技生意，先写先画，自然生出的一番意境才是可贵的。金圣叹之说受禅宗影响，金说非主流。

孔子留下了两个“意在笔先”的典故，一正一邪。

两个弟子找孔子，到门口听到孔子弹琴，暴虐好杀之音，一个弟子愤慨，觉得琴音是一个人的真相，孔子内心如此险恶，决不能追随，掉头就走。另一弟子等琴曲完毕，进门看个究竟。

原来孔子弹琴时，见到猫正捕鼠，随感而变音。孔子称赞那位弃他而去的弟子是知音，可堪授受他的琴艺，听出了他在思索人间杀机。

——这是邪的，正的是孔子年轻时向鲁国乐官师襄子学琴的典故。孔子早年学琴、晚年著史书《春秋》都是犯法的事，不在乐官编制而学琴，不在史官编制而著史，国家可以处罚。孔子言："知我者春秋，罪我者春秋"，用心良苦，行为非法。

师襄子私自教授孔子，孔子还不好好学，师襄子弹了一曲后，要抓紧时间指导他指法，孔子就是不弹，说自己的心跟那首曲子没契合上，不能动手。那你就慢慢契合吧，我没时间，师襄子走了。

隔一段时间，师襄子再来，孔子还是不动手。没法教了，师襄子一去不再来。不久，孔子主动去找师襄子，说他心已契曲，甚至心中映现作曲者容貌，必是古代圣人周公。师襄子的确没说过曲作者是谁，怀疑孔子是打听来的。

孔子一操琴，师襄子信了，因为水平已超过了自己，这么高的琴艺不可能是短期练出来的，只能是感悟来的。

韩伯言过的不是尚云祥般严格意义上的武人生涯，

晚年虽教拳授徒，而生活状态更像一位琴人。琴的精神内涵以儒家为归宿，为理解韩先生的处世人格，再多言些儒家。

周朝完善了上古的贵族制度，贵族即历代拥有独立地域和独立文化的世家，战国诸侯是地域和文化都规模超级化的大贵族。

秦朝开始的历代皇帝前仆后继地打压、取缔贵族阶层，至唐朝后期，世家已实权大减，宋朝的世家甚至不让子弟参加科举考试，以免妨碍皇家扩招寒门学子以取代世家的策略,看不下去,最多上一份“我们没那么危险，科举最好别滥招”的谏书。

贵族权势减免后，却发现权臣和军阀都比贵族可怕，宋之后的皇家策略，是让权臣和军阀互斗，二者的破坏力相互抵消了，皇家渔翁得利，得享太平。

清末革命党办报，说历代皇帝爱搞愚民政策，其实没太愚民，四书五经、诸子书都是政治哲学，史书小说多是讲皇室内幕、官场流程，老百姓对皇家官场不陌生，可以跟县官据理力争，即便遇上巡抚、丞相这样的高官，戏曲评书作品反映的情况是，老百姓都能说得头头是道，没有一个怯场的。

不怵官，是民间文艺的训练。

考取了功名的人可以在公共场合议政，清末茶馆里贴“莫谈国是”的情况很少，清末报业发达，多是私营，官方报纸寥寥无几，老百姓也不爱看官报，这样的新闻制度下，怎么可能不谈国是？

抗战时期日伪区里倒有这种变态现象，因为日伪发展了大量编外的业余特务，生活不易，很多人都领这薪水，出卖不熟的人。

皇帝愚的不是百姓，愚的是官僚，故意选水平差、人格缺陷的人出任高职，权臣和军阀都是蠢货，没本事跟皇帝争权。但皇权安全了，国家要职上尽是无能之辈，这种帝王术等于玩火自焚，宋朝和明朝都亡于此术。

儒家在灭亡贵族的运动中起到了关键作用，承接了贵族文化，取代了这群人。原本可以继续用儒家去对付权臣和军阀，可惜宋明皇帝比汉唐皇帝小器，觉得自己的小花招够用，不让儒家做制度改革。

儒家改不了权力枢纽，只能做做次要权力程式化的工作。至晚清，因长期不能实践，儒家学术老化，应付不了列强侵华的危局，但稍作锻炼，也出了曾国藩和李鸿章这样有创意的人物，可惜皇家没拿他俩当儒家，当作权臣和军阀，处处提防，未能人尽其才。

曾国藩解散几十万大军，主动放弃兵权，出版学术著作，是赌口气，表明我不是军阀，我是儒家。可惜清皇室没看懂，借着他赌气，自己松了口气，正好不再重用，还是拿他当军阀。

清朝灭亡后，曾国藩幕僚公开了曾对慈禧太后的印象——小家小户平常妇人。在多数的私人记载里，慈禧有震慑群臣的龙威，有让外国公使夫人们觉得迷人的风度。曾国藩大迴世评的话，可能是失望于她没有认识儒家的高度，也看不清自己的用心。

“君子”原是贵族称号，孔子给了平民。君子原意是领土封地之人——天子、诸侯、卿、大夫、士，孔子变了内涵，指有学问有道德的人，穷街陋巷、破衣烂衫依然可称君子。

知道贵族文化是文明，让老百姓享受它——孔子的“平民称贵”比秦始皇的“论功行赏”、曹操的“唯贤是用”、李世民和武则天的“科举取士”都要高明，因为那三项的政治功效都是打压贵族世家，皇帝要搞独裁专政，创立新制度选材，为扩充皇家班底，好跟贵族抗争。

清朝考状元还有此遗迹，最后一道是殿试，由皇帝主考，考上了是“天子门生”——皇帝的学生，科举是为国家选材，本是公共大事，成了皇帝私情。殿试，可见李世民、武则天的本意，李世民要对付山东世家，武则天要对付陇西世家，这个创意是隋朝的，隋朝即有科举，未成气候。

选上来的武将文官为皇家御用，本是针对贵族世家，仇视之下，往往将其代表的文化一并诋毁。所以每当新朝新政，经济发展，文化必衰败一段时间。

孔子的礼乐教化，是让平民也有世家风度、享受世家艺术，减少嫉妒心理。中国文学里一个重大题材是“落难公子”，一个世家子弟逃难到民间，得到老百姓的保护，阶级差异反而带来一份喜欢。

八路军也受益于民间的儒家传统，掉队的士兵、遗留的伤员像落难公子一样被老百姓养起来，就是喜欢你，红色电影经典《小兵张嘎》《归心似箭》拍的便是这样的民间，感激之情溢于言表。

感激和喜欢没了，便坏了人间。

梅兰芳的戏曲编剧齐如山回忆民国初建时的京津兵乱，北洋军抢商铺，北京多少年没遇上兵乱，他觉得一定得看看，有益写作，上街待着，一个小兵扛枪冲来。

他的读书人样子，让他自信小兵不会对他动粗，果然小兵是问抢来的绸缎是什么档次，对自己抢东西有一份不好意思。小兵谦卑，话音不敢急，在兵乱街头如在学堂，让齐如山有超现实之感。

京津兵乱源于南方革命党要袁世凯南下就任总统，佛爷离庙，猛虎离山，离了势力范围，好控制他——策略太明显，在野党当得太久，处理国事上还不熟练。

发生了京津兵乱，社会舆论要袁世凯坐镇北方，别理革命党。报纸说兵乱烧杀抢掠，齐如山写文说，商家受损，没骚扰平民，小兵们对老百姓下不去狠手。北洋军事后向商家赔款，枪毙了兵乱部队的头头。

京津文明积淀厚，民国的第一场兵乱不至于太过恶劣。北洋治军，不破坏参军孩子们从小养成的民间道义，认为是军纪的基础，袁世凯、冯国璋说到做到，后起之雄张作霖做不到，也延续此说法。

到了军阀时代，是抢钱抢地盘的无正义之战，刻意破坏士兵的道义感，痞化军队。兵灾一起，再无底线，什么好毁什么，谁家名望高先糟蹋这家人，以暴力恐怖控制民众。

清末，慈禧认不清儒家，列强认得清，做出“痞化中华”的计划，当年日本和美国的政府文件现已公开，大同小异，首先要诋毁儒家，中国青年一旦厌恶传统道德，内乱一起便会失控，国家分裂，列强便可分食。

儒家这套东西，是孔子在比清末民国更恶劣的战争里总结出来的，眼瞅着一个个国家亡国灭种的环境。

清末民众厌恶帝制，将儒家说成帝制的帮凶，儒家便背上了恶名，年轻人不愿接触。

实则，儒家历代弱势，掌权的是诸侯、外姓王、同姓王、外戚、宦官、太子党、权臣、军阀。儒家本质上是个民间团体，凭借个人的民间影响力，以公共道德为理论，进入朝廷，争一席之地。

儒家在权力格局上是底线制约的作用，难得掌握大权。因为有儒家这个底线，历经大乱，汉人不至于像古巴比伦人那样灭种。灾后重建，儒家会大放异彩，拨乱反正，再造社会。

皇家每每能得儒家的好处，次要制度上遵循儒家的外观，但社会重建后，并不按照儒家理念运作。因为儒家本质上是反皇权的，重用儒家，会削弱皇室。

儒家学术上是对天下负责，不对皇家负责，君王无道，孔子的意见是“离开他”，孟子的建议是“推翻他”，朱元璋因而删减《孟子》。

朱元璋推崇朱熹，将他的四书五经注释为科举考试的唯一正确依据，但朱熹也是个要明确限制皇权的人。

朱熹认为最合理的政治制度，是皇权的郡县制和贵族分封制混搭，天下之大，一半对一半。

郡县制是皇帝委派官员去地方，官员任职期有限，没有自主行政权，执行皇帝政令，皇帝掌握地方实权。

分封制是贵族在一方一地享有自主权，可以世代相传，皇帝无权干涉，只在大规模公共事务——如祭祀、水利、军事上与皇帝协商，皇帝等于是联合酋长，这样的皇帝严格来说不叫皇帝，叫王。皇帝是秦始皇实行郡县制后给自己的称呼，之前没有这个词。

王将权力分给贵族，皇帝从贵族手里夺权。

王制的弊端是不稳定，地方势力坐大后，要吞并他方，生出战乱。王把权分了，中央势力太小，如果这一代的王不是联盟政治的运作天才，其他诸侯也想趁乱扩充自己的地盘，诸侯们达成不听王令的默契，战乱便会升级。

春秋时代便如此。

儒家是从春秋战乱里总结出的改良版王权，想寻求出一个王向贵族分权的合理分寸。地方独立，军事上不安定，但也有巨大好处，因为贵族行政是文化型政治，犹如丛林的自然生长，是一种经济、民俗、学术、文艺的综合性发展。

一方水土养一方人，贵族行政契合本土，地方独立，带来繁荣。郡县制是法令型政治，官吏是皇帝权力的延伸，权力结构单一，安定性强，但法令的准确度比贵族治理差很多，往往不能契合地方特性。

官吏的素质也比贵族差，职业官僚必须拘泥于政令，执行是第一位的，没有创见和灵活性，让法令进一步粗糙化。史书上的昏君往往写成个人生活变态，以掩盖皇帝因法令失误而失天下。

王权因地方坐大而崩溃，有春秋的教训；皇权因地方僵死而崩溃，有秦始皇的教训。郡县制和分封制并存，王权和皇权一半对一半，是朱熹找到的分寸，皇帝一听就厌恶，不可能实施。

朱熹分寸只在新朝过渡期自然呈现，秦朝初年、汉朝初年、元朝初年、清朝初年、民国初年都有短暂的皇权和王权混搭期，中央行政区和地方自治区并存。

这种情况不是人为的，是中央和地方都实力不足的自然结果，没人认为这便是最好的制度，去主动完善。

只将这阶段作为积攒力量的隐忍期，一旦皇家坐大，或某一地方势力足够取代皇家，便率先破坏这分寸，恢复到皇权郡县制。

汉代儒家董仲舒的分寸，是在皇权的外衣下实现王权，将郡县制官吏变成短期贵族，提高其素质，给他们一个理念，他们一个接一个驻派地方，也就等于是世家了。

这个统一理念要有别于政府法令，官吏有一套理论跟皇帝的法令论争，便争取到了行政的自主权，避免政令失误。这个统一理念就是孔子学说，汉代已出现了普遍的“依经辩法”情况，官吏和平民可以拿儒家经典去论证法令的合理性，最常用的是《论语》和《春秋》。

延续到后代是“理法之争”和“情法之争”，其实是一个意思，变换了词汇概念。“理法”的理指儒家理念，法指行政法令；“情法”的法是行政法令，情是人之常情——还是儒家理念，儒家将人之常情总结为人伦道德，有了理论高度，所以能跟法令辩论。

儒家承接了贵族文化，身份又是平民，没有贵族发展后的军事企图，又能提高官吏素质，减少底层失误率。

汉代皇帝让儒家取代贵族，又让儒家改造官吏。但这属于人员编制上的改革，而不是改变皇权结构。

朱熹的主张是做截肢手术，皇家抵触；董仲舒的主张是输血，皇家乐于采纳。因为儒家的本质是恢复王权，儒家的官僚集体强大到一定程度后，便要让皇家分权了，这是董仲舒“外皇内王”计划的最后一步。

这最后一步，儒家在民间也一直在做试验，就是在北宋已成熟的家族祠堂制度，丞相范仲淹是祠堂制度的集大成完善者，族人的权力分配、公共事务的运作方式，便是国家新体制的范本。

他在朝廷上实现不了的，先在民间实现了。

朱熹是祠堂集体商议方式的完善者，所谓“约会”，这个词在今天还活着，用来形容年轻人谈恋爱。

祠堂理念成了生活常识，实在的人间状态，一旦改了皇权，天下不会动荡。准备工作做得这么好，可惜儒家始终没走成这一步。

因为皇家有应对策略，纵容宠臣捣乱、制造冤假错案、吏化儒家三个百试百灵的手段。

清初的文字狱是蛮不讲理的冤假错案，针对的不是民众反清情绪，主攻的是当时强大的汉人官僚集团。武则天养酷吏、乾隆养贪官，都是放狗咬人，故意为恶，皇家要做几件不讲理的事，打乱儒家官僚的正常系统，儒家便走不出那一步了。

冤假错案是反理性，指鹿为马，不怕天下人说不讲理，笑话皇家没水平就笑话了，因为正要靠不讲理来施威。养宠臣是反文化，故意挑素质极低、儒家文化系统之外的流氓地痞。一旦皇家反文化和反理性，必是儒家官僚势力猛增、近乎要成事的时期。

皇家摆出狗急跳墙、鱼死网破的姿态，儒家便收敛了。天下得维持下去，小老婆一发飙，男人即便是将军王公也没法办，只得屈就，家得维持下去。

儒家不成事，因为儒家外表强势，实则弱势。宋朝以来，官僚系统并未真正儒家化，许多官员镀了一层儒家学问的金，本质上还是唯命是从的吏，吏在春秋时代被称为贱人，水平差、私心重，保职位比保民生重要，要坏事的。

董仲舒的计划，是让官员做假吏真儒，而宋以后的发展情况，则官员们往往是假儒真吏，宋明清大规模的官场腐败，可见真儒者势单力薄。

关于“文革”，西方有种种理论解释，如以本土史书的观念看，出现了放纵青年、冤假错案、文人吏化三种现象，放在古代，定是皇家在反儒家。

但又呈现出中央向地方放权的现象，与上述三种现象矛盾。儒家的行为特征是进入中央系统而为地方争权，难道儒家成事了，以彼之道还制彼身，以历史上皇家反儒家的手段反了一次皇家？

当时没有皇家也没有儒家，儒家的民间基础——祠堂早已废止。历史之谜，任人猜想。

黑格尔代表的旧德国历史观过于宏观，或者说过于粗糙，认为完成历史走向，个体悲剧是必要代价，可以忽略不计。

而这种粗糙，是中国史书观念不能容忍的，认为百姓遭殃是执政者失误，是可以避免的，不是历史必然。历史演进的凶险动荡要在高层范围里完成，不能渗漏民间，民间最多受点余震，最好是日用而不知地进入新政。

著史，便是总结这种经验。看似少写民众，多是帝王将相的家史，实是政治理念使然。

史书以孔子、司马迁、班固为代表，司马迁做《史记》，自比孔子的《春秋》，不是跟孔子比圣人，是表明孔子和自己是一个学术传统，感慨懂的人已不多了。司马迁的家学是太史，太史总结帝王治天下之术，评判历代帝王，汉代皇帝抵触太史，太史成了闲职。

孔子承接的是太史和司徒的学术。周朝的首席官僚是冢宰（后世的丞相），次等为司徒，周王授权于冢宰，冢宰行使的是王权，司徒才是为官之道。太史是帝王之学，儒家以太史为主，以司徒之术做参考。汉朝以后，儒家转而大量培训官僚，不得已之事，本不是儒家的学术重点。

史官著述分为诗、书、礼、乐、易、春秋（史书），孔子五十岁才学易，晚年研究鲁国《春秋》，说明不是太史正统的自小训练，是偷学的，东学一点西学一点，长达一生才学完。

这六项成了儒家经典，称为六经，太史正统的司马迁认为孔子学术正统，可以和自己比。班固认为自己可以和司马迁比，班固说自己是以儒著史，因为他的时代，太史制度名存实亡，儒家成了太史学术的代表。

串了一遍儒家历史，还是为了说韩伯言，为了说琴。琴为何能滋养历代文人？不单是好听，因为琴中理想。琴界有一种理论，学琴先要辨派，学之前就要决定自己的归属，乾隆年间的《春草堂琴谱》分为道家派、儒家派和江湖派。

江湖派为维生，在市井里哗众取宠，没有琴意，只有炫技，特征是大惊小怪，弹得又快又响；道家派是个人求道，以自然造化为琴意，视古曲和古指法为门窗，要推开门窗得见自然，弹得离经叛道，让人眼界大开；

道家派以自然之美为琴意，儒家派以人性之美为琴意。大自然里有穷山恶水，有巧夺天工的瑰丽，道家派取其瑰丽。人性有种种不堪，也有自爱爱人的尊敬，儒家取其尊敬，弹琴便是弹尊敬。

三派中以儒家派为琴学正统。自爱爱人是人类得以延续的大道，这种人性之美不单单是个体修为，儒家派琴意实质上是一种政治理念，群众公德的人间之美。

理念很具体，是周朝的井田制和明堂制。一方土地以“井”字形划分为九块，八块分给八户人家，中央一块为公共产业，由八户人家义务经营，利益所得，奉献给君子（土地领主天子、诸侯、公卿、大夫），君子取财做公益事业。

君子的家是个公益场所，象征性建筑是明堂，有柱无墙，是个亭子，大白于天下，监督他有没有侵吞公产，亭子等于四面八方都是门，表明接纳四面八方的来客提意见，平等待客，不分阶级不分种族。

武则天当皇帝，登基仪式之一是建了明堂。但不知她怎么考证的，建了个楼，亭子平等，楼有高下，以划分来客的尊卑，实在有违明堂。

祠堂延续着井田和明堂理念，定下规矩，亲族中的发财富户要向祠堂捐田充公，由族人义务经营，公田的收入做抚恤孤寡、子弟教育、修路搭桥等公益事业，公田是井田遗风。

族人纠纷，由人人参与的集体讨论来解决，所谓“约会”。肤浅的利益最容易赢得大众，祠堂设立数位长老来制约这种短视，但必须讲出能服众的道理，长老权威凭的是见识。

如果不能改变大众观念，彼此都不能保证自己绝对正确，便采取长老和大众意见折中的方式，先让事情办下去，有话在先，设定一个几月或几年的考察期，以观后效，期满可以重新裁决。祠堂约会是明堂遗风。

韩伯言本职是律师，上世纪五十年代社会运动刚起时，他拿法律书对照，感慨：“世道大好，没法判案了。”法律保护私有财产，现实是各种形式的充公，个人光荣捐献、公家入股私企、没收不义之财等等，是公益财政的大时代。

私产变公产，会带来法律更新，新法形成需要时间，以群众公议填补法律空白，也是可行的。因为传统社会长期以祠堂约会代替法庭诉讼，运作良好，上世纪六七十年代鼓励群众讨论，可惜一谈就谈乱了。

祠堂约会以儒家理论为依据，以族谱记载的历代事例为参考，但儒家已废止，新时代积累的事例不多，也没有形成一个收集总结后再反馈给大众的信息系统，大众公议时理论严重匮乏。

理论不够用，便会陷入情绪之争，产生破坏性结果。谈不出正经话来，聚众议事变成聚众打人，是一种低端、无效、无前途的状态。

法律缺位，要靠公议维持社会秩序，但公议系统先天不足，人人胡言乱语，小事都办不成，更没法完成“大乱走向大治”的社会结构变革。

并且代价太大，坏了青年。

韩伯言晚年不再弹琴，古人自废琴艺，或是知音逝去，或是对琴意的政治理念绝望了。琴意伤心，不忍再弹。

拳也不愿谈，有人来学拳，问问你有何爱好，你说喜欢画画，他跟你谈画，你说喜欢京剧，他给你拉一段，扯远话题，耗会儿时间，他表示累了，说：“我没电了。”倒头便睡。

上世纪六七十年代民间养成了胡言乱语的习惯，延续下来，再难消除。一天来了个练西洋拳击的，找韩伯言讨论武术能不能对付拳击，韩伯言起了兴致，说两句，没兴趣再说，因为来人是口舌之争，不是研讨道理。

口舌之争，是无限制地唱反调，赢在口才。韩伯言烦了，说："我说行，你说不行，只能试试了。"一个形意的炮拳将他揍出去，跌到屋角。

那人一定要学这个炮拳。隔不久，有朋友来韩家，说那人在外面讲："老爷子功夫棒，对付拳击有办法。"

韩伯言听着乐了："他汇报得很属实，只是少说了一个炮拳。"

不久那人又有言论传来，说他学了个炮拳，跟师父比了比，才学的。韩伯言让人传话给他："把话说全了，你是挨了打才学的。"

对人不爱谈拳，自己对拳，内心没放松，家里没人来时，会写写拳学心得。不爱教人，主要是觉得新一代不诚实，有学的心，没练的心。

一次看好一人，认真教了，那人再来，明显没练，还要诱韩伯言说新东西，不断地讲想法。花言巧语听着腻，韩伯言很淡地说："你把我的东西还给我了。"不再理他，吹笛子去了。

他不是不教，而是看你能不能真练。

尚云祥有话："三代福分，才能练形意拳。"遇上练形意不下功夫的人，看着就有气，可惜他的好师承，会说："你也练形意？"吓得人不敢应声。

敢应声，尚云祥就打。

朋友问："您怎么老打同门啊？"

尚云祥："不办他，妄谈名门。"

年轻一代浮夸懒惰，韩伯言也懒得费话，遇上同辈人，身上尚云祥较真的劲头才出来。他不太跟武术界交往，一次帮衬尚云祥女儿尚芝蓉做学术活动，遇上个他派的形意门人，两人岁数相当，在一个拳理上争执起来。

那人在武术界得宠，不知六七十年代是怎么过来的，变了个人，年轻人一样说话没轻重，一开会就兴奋，古人是艺惊四座，今人是口惊四座。尚芝蓉不在场，他发言，张口说尚云祥练错了，在座的行家都变了脸色——这就是他要追求的效果。

韩伯言八十六岁寿诞师兄弟合影。右起：尚芝蓉、韩伯言、李振东

提到尚云祥了，韩伯言哪能退让？起身训斥。那人本要在口才上过瘾，毫不示弱，拍桌子大吵。在场者说，两个老头胡子都翘起来了。

小辈人忙去请尚芝蓉，尚芝蓉进屋，说："韩师哥，院里有人找你。"韩伯言在气头上，应声出门，院子里没见到人，才明白尚芝蓉是劝架，师妹的面子要给，没再回屋。

隔半日，传话："不办他，妄谈名门。"

要以比武实战来了断拳理是非。

那人没再跟韩伯言对话，向尚芝蓉表态，他对尚云祥没有不敬，说："韩师哥太急了，拳理上是他对。"

尚芝蓉向韩伯言转述，韩伯言卸了怒，心里一空，更想尚云祥了，说："老师可是在北京给形意门立了四十年的门户啊！"

尚芝蓉听了触动大，师兄妹间叹叹气，他人难知的感怀。

四

应验

1. 正本清源待后生

一九六九年韩伯言被遣送回农村老家，韩瑜两岁，一九七八年才又见到爷爷，已是初中一年级学生。

韩瑜生在济南府西街 23 号，韩伯言年轻时购置的房产，深宅大院，旁侧便是旧社会的山东省国民政府，可想地段之佳。省长马良来串门，跟韩伯言说："你家比政府盖得好。"

童年模糊的记忆里，家中有高大立柜，好多人在站桩。爷爷下放不久，老宅充公，父母分配到肥城工作，韩瑜随着离了济南。

韩伯言结束下放生涯，住在淄博女儿家里。韩瑜十一岁，去看望爷爷。韩伯言的二夫人是大青衣，有个女徒弟在身边，韩瑜上门时，韩伯言正唱老生给那女徒弟配戏。

爷孙俩相见，孙子太小，也说不出什么，韩伯言问："听过胡琴么？"停下排练，给韩瑜拉了一段。

跟爷爷有了第一次见面，小孩终于有个玩的去处，当时肥城、淄博近乎农村，韩瑜周六一放学便总往淄博跑，住一夜，周日下午回家。

淄博残留着一个日本矿务局的炮楼，垛墙宽大，成了晨练场所，韩伯言带当地收的徒弟上去练功，韩瑜也跟上去玩。

一次旁边晨练的老头老太太们起哄，跟韩瑜说你爷爷本事大，逗韩瑜求爷爷展示展示。韩伯言迎合了众意："想知道武术管不管用啊？"用手一搭韩瑜肩膀，说："你跑不了。"

垛墙砖面长年积土，长了草，近乎草地，不怕摔坏小孩。韩瑜一跑，韩伯言手不离肩地随着出去，韩瑜怎么抖机灵转圈，韩伯言都如影随形，旁人叫了好。

韩伯言停得也讲究，不敢在小孩胳膊上使劲，怕关节脆弱，掌滑到韩瑜胸口，非按非拿，韩瑜便跑不动了。

对于爷爷会武术，韩瑜早有印象，五六岁时随母亲

韩伯言

高中时代的韩瑜与祖父（韩伯言）、父亲合影

回姥姥家，遇上舅舅任怀珠，说："你爷爷厉害。"大讲了一番传奇。

经过炮楼一事，可想孙子对爷爷有多佩服，激活了小孩的习武心，央求教。韩伯言随手做了个小红拳的冲天炮，瞅着像广播体操。韩瑜纳闷了，问还有没有别的？韩伯言站了个形意桩功的三体式，说照样站就行了。

韩瑜不甘心，追问站着做什么？韩伯言没兴致了："不要似是而非，怎么还会有别的事？"

这次讨教挫败感很重，韩瑜以为爷爷在糊弄，没心教自己。

韩瑜出生时才四斤多，没有母乳。每月发烧一次，喝中药能好，吃西药退不了烧。越弱越想强壮，小时候便爱拿个木刀耍。

过了两年，韩瑜十三岁。韩伯言忽然说："可以练练，可以学学。"

这回教了整套小红拳，说小孩练了受益，健腰腿。形意拳是看家的本事，岳飞所传，缓缓学，又教那个三体式，说是形意拳的开始，先学这一点。

那是没有电视的时代，一般人家都是半导体收音机，评书连播《岳飞传》在热播，中午首播晚上重播。韩瑜从淄博回了肥城，说自己练上了岳家拳，赢得艳羡高看。

可惜只有一个三体式，还是站着不动的，怎么给人看？顶着岳飞的名声，总得有东西证明吧！于是寒暑假去别处学形意拳套路，以韩伯言孙子的身份，找上尚云祥女儿尚芝蓉："姑奶奶，教个连环拳吧。"

不久又说，"姑奶奶，教套刀吧！"

尚芝蓉都教了。学套路表演，韩瑜多年后总结："爷爷动手厉害，但觉得那遥远，达到费年月。套路毕竟引人入胜，观的人赞美，练的人得意。眼前的好处是，可以把年轻人的精力发挥出来。"

韩伯言知道孙子去别处学套路，不予置评。韩瑜上高中一年级时，学尽形意拳套路，过年去淄博看爷爷，姑姑姐姐们包饺子，他帮不上手，不愿闲待着，出门练拳。回来时，饺子已煮好，姐姐埋怨，韩瑜解释不是瞎玩是去练拳了。

为尚芝蓉前辈祝寿（后立者为韩瑜）

小辈人说话，韩伯言突然插进来，让韩瑜的大姑摸韩瑜后背，大姑手伸进衣服，汇报“全是汗”。韩伯言应了声“真有啊”，没再说什么，大家吃年夜饭了。

韩瑜体会，爷爷上心教他，在这把汗后。

一是高中生体质坚实了，二是这把汗赢得爷爷信任，觉得他如此惜时地练拳，日后可深造。

韩伯言收徒弟不收学费，徒弟们自愿的孝敬，送条鱼送袋枣，补贴生活不够，改善改善伙食。韩瑜去淄博，赶上好几起收徒仪式，有的是新收徒弟，有的是老徒弟补办，以前年月视为封建迷信，不准许，现今准许了。

老规矩废了，想恢复，材料不具备，没店家做木头牌位，将硬纸板截成条，毛笔写“岳飞、达摩祖师之神位”“历代宗师之仙位”“先师尚云祥之灵位”，插在纸盒上，再摆祭品香烛，勉强完备。

韩瑜逢上，韩伯言都让磕头，说：“你拜你磕。”结果，孙子向爷爷多次拜师。

拜师，一次就行了，老徒弟在收新徒弟仪式上不用再重复一遍。究竟要将什么样的意识种给孙子？韩伯言并不解释，只说："爷爷是爷爷，师父是师父。"

爷孙俩差六十岁，老人的深意，到韩瑜成年后才悟到。

上个世纪八十年代，韩伯言获得平反，韩家济南老宅归还了后院几间房，回了济南。韩瑜的周末去向，便由淄博改成济南，正式学艺阶段，几乎周周不落，寒暑假便整段时间住下。

韩伯言白天睡觉夜里精神，与孙子彻夜谈拳，常到次日早晨四点，熬到胃不舒服才睡觉。腿伤作怪，爷爷说一会儿，孙子给揉一会儿腿。

韩家老传统，过年时给祖宗牌位上香，从初一开始连续五六日供炉里续香，形意拳宗师的牌位前也是香火不断。韩伯言给韩瑜一个概念："不是学形意拳，而是皈依形意拳。咱们的祖师爷是岳飞，这拳不是街头斗殴的东西，是大元帅的东西。"

一年春节，韩瑜带弟弟一块来了，韩伯言教兄弟俩"趟步"——形意拳特殊的步法，可让发力升级。这次教得严酷，韩伯言倒握大杆子，用粗的那端拨兄弟俩的腿，趟不到位，就顺手给一下。

挨了打，青春期的孩子自尊心重、逆反情绪大，韩瑜脸上硬了。老派教育，各行各业普遍的师父打徒弟，有其道理，打一下是给个肌肉刺激，更新原有的生理习惯，学艺会快。

私塾里要挨手板，和尚打坐要挨香板，学戏更是一天到晚挨打。现今不敢了，批判为“不文明”，给孩子造成心理阴影。

韩伯言看出韩瑜心里不接受，说：“消化不了啊。你还没皈依。”那么一说，也不要求韩瑜当场听懂。

社会意识变了，年轻人心态不一样。以前学艺，徒弟一两年都得不到师父一个好脸色，这次趟步后，韩伯言改变教法，对韩瑜常作鼓励。日后韩瑜自己当了师父，经了授徒的种种难为，慨叹爷爷对自己费了心机。

习拳不易，简单的一个站桩，预定三个月能出效果，多数人站了一月便没意志了。什么事，都不容易过中间，老辈人叹息：“站桩，都站不长。”

世人喜欢当师父训人，不喜欢当徒弟下功，期望从韩伯言口里套点秘诀，日后能高谈阔论，就算练武术的了。

有人送韩伯言活鱼，韩伯言并不理这人。这人抱怨："送了两条鱼，您不多教点？"韩伯言："你净胡思乱想，你练没练？不练，别吱声。"

这人心疼送的鱼，韩伯言起身比画个拳式，他忙跟着学，身上显了动态，不成样子，韩伯言便收手不教了："别糟蹋东西啦。"

此人气跑了。

教人，教出了怨气。韩伯言对韩瑜讲："现在的人没自己，早晨练功，见人来了才练，没人看就没兴致，跟街头卖艺的比，只差写个收钱牌子。"

学形意，便要当成至高无上，看到别的拳好，反而更能发现形意的好。"噢！形意还能那样，以前忽略了。"——吸取不是学，是激发。练不好形意，也不可能取长补短。

否则看到他人好，想吸取也吸取不进来，反而把自己搞乱了。思维吸取不了东西，功夫练到位，一看他人的好，当场警醒："还有个没练好的地方……"

一警醒,便吸取了。博采众家之长,其实还是这一拳。

今人不能至高无上，只想占师父便宜，得两句口诀就自己把自己出师了。老辈人追随师父都是十年八年，过早离师，等于少年丧父。许多人的情况是——学艺不久，年龄很大，很能聊，很喜欢带后学，其实水平还在上小学。

民国时期有学者考证岳飞不可能创出形意拳，岳飞打仗早死得早，没时间——小范围的文章，不入顶级圈子，民国是形意鼎盛期，韩伯言年轻没听过。至上世纪八十年代，这类言论得到延续，新人拿来大做文章。

朋友来说这事，韩伯言都坚称祖师为岳飞，说："形意拳有个意字，意字无古今。"是人都有意，古往今来的人凭意相知，视岳飞为祖师，是历代传人骨血里的认识。

韩瑜说，形意二字做拳名，起名起得太好了，一块石头也有形有意，像个老虎、像个山峰，这就是这块石头的生机。

命运不可测，其实大白于天下，形就是命运。泰森在重量级算矮个，他鼎盛时期，拳台上视觉对比，那些高他两头的对手在他面前显不出体量大。输给刘易斯的那场，惊觉泰森矮小，形变了，命运便变了。

歪理邪说一会儿出来一个，有人说“练拳先要立意高”,培养学员要有“战胜所有人”的意念。韩伯言评说：“怎么教人当神经病啊！有此思想，必成狂徒，出不了功夫，最大的成果是性格偏激。”

常人哪有意啊？日常生活里都是浮想。意，不是想出来的，是刺激出来的，得特殊训练。想知道什么是意，刑房里有。

严刑逼供不是往死里打，以心理诱导来用刑，三分打七分催眠，作用在你感受上是十二分的痛，你的想象力让你苦不堪言。这种情况下，会出现意。

意是藏在浮想联翩、逻辑思辨下面的深层东西，形是命运，意是人格，一旦错了意，就变成了另一人。动手术不用麻药的英雄好汉，一入刑房糊里糊涂变叛徒了，受刑不是忍痛那么简单，一套流程下来，他就不是他了，给改了人格。

偶尔会操作失误，柔弱的小姑娘突然横眉立目，生出一股顶天立地的气势，也是变了人格，刑房老手一见就知道不好办了，结果一定是宁死不屈。

威逼利诱而人格不变，才是修养。韩伯言年轻时火烧日军军需库，受过日本人逼供殴打，绝不屈服，直至被救出。

人都有极限，过了极限等于受了催眠，针扎一下也投降。习武益处，是极限状态比常人能多延续一段时间，不会一下过限崩溃。有时多一秒，便是一世忠奸两重天了。

晓得了形意二字内涵，便知此拳不是锻炼身体，是改命改性的大事，师徒关系是性命相托，师父负责的是徒弟的人生。

今人谈形意，“形”成了技术指标，“意”成了泛泛的忆想。忆想能起什么作用？顶多是体操运动员表演时，看着精神面貌好。

命运和人格可以相互刺激，所以老辈人说“形也是意，意也是形”——这话现今人不能正确理解，视为玩弄概念的夸夸其谈。

浮想和真意的区别，韩伯言门下有个事例。

乔明德是带着儿子来学艺，那时代爷俩一块学拳的情况很多，刘文慈是跟踪乔明德来学的艺，刘文慈对乔明德了解深。

乔明德得了一根前辈武人的大杆子，刘文慈入手一抖，知是佳品，说：“我给你耍一趟，你别喊好，喊了好，杆子就是我的了！”

乔明德不信邪，打了这赌。刘文慈练了趟，虎虎生威，一住手，乔明德大叫：“好！”

刘文慈乐了：“你喊好啦！”扛杆子便走。

乔明德好东西到手就没，刘文慈得了杆子还得了“练得好”的名声。别人拿此事来打趣，乔明德觉得冤：“不是他练得好，是我养成了习惯。看别人练，喊声好是礼貌。谁练，我都必喊好。”

这便是浮想，明知道打赌，仍习惯使然。刘文慈生活里能把握他人的惯性，比武时也能把握，就太厉害了。

现今流传的许多拳理都不是拳理，而是高手特征。

将高手的特征总结一下，作为练功原则，谁练谁伤身。产品优点不是制作方法，球场解说员说“漂亮”“火爆”，哪家球队的训练日程上有“漂亮”和“火爆”两项？

上世纪八十年代后的武术理论，往往是形意拳“刚烈”、八卦掌“潇洒”、太极拳“优雅”，将这些形容词作为练功标准。

一个苹果的特征是又红又大，种植是培土、施肥、保温。问怎么种苹果？你告诉“又红又大”，如果你还是个权威身份，便误导了众生。

让小孩用高手特征去练功，等于摧残孩子，中年后必出大害。

韩伯言学艺期间，跟随尚云祥去过一次部队。部队日常有武术训练，时不时聘请武术名家来表演，以振奋士气。此次请了数位名家，因一位军界高层亲到现场，营地领头的拜托："你们大家给尽力练练。"

一一表演，都是套路，轮到尚云祥，尚云祥没套路，自由发挥地做了几个形意拳的蛇形，身姿变换之敏捷，惊了当场。那位军界高层识货，命令营地财务立刻取五十块大洋赏尚云祥。

几个老哥们一块来的，只我一人领赏——尚云祥不干这事，表态拒绝。归家路上，韩伯言觉得技压当场，受之无愧啊！尚云祥说："咱的东西就值五十块么？"

没见过这样的蛇形，看了便放不下，韩伯言恳求："您教教我。"尚云祥说："你学不了，这是我的成就。怎么练，早教过你。"

真正习武人不会来"一见面便求学"的俗套，知道是学不来的，拜望前辈，是领略前辈风采，得点人生感染。韩伯言在大明湖畔教拳，解放前济南国术馆拳师的后人听闻大明湖畔出了个老前辈，买礼物来拜望，规规矩矩，就是晚辈见长辈。

老派教法是，徒弟先下功，师父后告诉要点。你长进快，先悟到了，师父也不说了，容你再长进，等着告诉你下一个要点。

上世纪八十年代初，韩伯言曾在济南大学教过一年拳，学费是校方给的，一月几块钱，因不改古制，跟尚云祥教大学一样的结局，练的人越来越少，只得自己回家。

学艺初始阶段，韩伯言就是给按按身形，讲讲尚云祥的风度德行作为励志，绝不鼓励野蛮。年轻人爱动手，求解拳式用法，韩伯言必打压："你别学了，耽误你。捡块砖头、取车上的链子锁，立刻能打人。"

有人因此跟韩伯言闹翻，安排个同伙捣乱，守在韩家胡同里，见有人拎东西来，知道是求艺者，便拦住说"师父不在家"，或者说"别找韩老头，你送他什么，他都换酒喝。喝了白喝，不教真的"。

韩伯言的一位老徒弟出面找那人谈话，那人当面不敢说韩伯言不好，一个劲儿念叨："老人太孤僻，跟我没话呀。"暗示自己付出多，得到的少之又少。

韩伯言对徒弟不收学费，重回济南，有房子，没有退休金，生活来源是儿女补贴，授徒最多得几条鱼得几盒烟。老徒弟劝他别教了，说："您现在到了当老太爷的时候啦。"当老太爷就是不管事了，事业放给晚辈做，养尊处优地闲下来。

养尊处优做不到，但教拳招怨，真不想教了。

此时乔明德、刘文慈等人也当师父了，韩伯言一脉足以流传。听老徒弟那么说，韩伯言默认了，在堵门拦人事件后，基本断了收徒。

韩伯言大大咧咧，但讲究起来，差一点都不行。他平日亲手做菜，别人做的菜，品相差一点，决不吃。上好的大鲤鱼，端上来发现剪掉了鱼鳍，鱼再鲜也不会夹一口。涮羊肉，发现调料少一味，便不动筷子。

对于拳学，韩伯言也是差一点都不行。虽然不教拳了，见到世上拳理谬传，仍着急上火。一日看武术杂志，写形意拳三体式桩法的要领是"前三后七"，重心放在后腿上，名为"单重"，是正确的。放在两条腿上名为"双重"，是错误的。

韩伯言找上尚芝蓉："师妹，现今的人怎么说话不负责任？重心放在一条腿上，一日两日压不坏，当作功夫长久练，孩子们的腿就废了！”

尚芝蓉看了文章，一筹莫展，论辩会起纠纷，不论辩会害下一代。

被批为错误的“双重”恰恰符合拳理，形意门站桩开始要把重心放在两腿中间，人的重心变化不能是摆出来的，得是慢慢协调出来的，“前三后七”和“单重”都是成果，你功夫深，能协调成“单重”，比武时会有奇变。

练功时不能强调“单重”，强调了，身体也协调不了，反而失去了自然。自然就是自我保护能力，失去这能力，站什么姿势都是弊病百出，祸害自己。

初学练不了高功夫——这个基本拳理，许多人都不遵守，搞一家之言，故意违背拳理，标榜自己高明。你的理论可以违反老拳谱，但人体的规律没法违反，你的徒弟都坏在你手里。

韩伯言还厌恶“沉肩坠肘”的名句，说：“沉肩坠肘是高手体态，是个结果，用来教导初学，能把孩子们的肺给憋坏了。沉肩、坠肘，挤压上身大动脉血管，比绳子捆人还难受，不是练拳，是作病。”

下身要领的名句“塌腰落胯”也是一样，韩伯言一听到便摇头。

功夫深了，身体要求舒展，结构要求改变，此时师父给掰掰按按，前三后七、沉肩坠肘、塌腰落胯立刻达到，就这么简单，是坐享其成，不是刻意追求。

达到前三后七，迈的步子大，一沉肩，伸出去的手还能再探出去几寸。沉肩坠肘、塌腰落胯在实战时，都是以增长杠杆来提高打击力，本是舒展的东西，你越练越憋屈，当然拳理不对。

上世纪八十年代后，习武人要搞学术，信息不断，假学问害人，真东西也害人。学拳阶段，许多要领不能让徒弟预先知道，等他练到了再点拨，杂志书籍公布了，便骚扰了师父的育人大计。

比如形意拳的拉步——以躯干带动迈腿的步法训练，传播广泛，武术爱好者皆知。老派教法，是将拉步含在“活步劈拳”的训练里，就是边走边打劈拳，你随着功深，越来越协调，出现“以身带腿”的预兆，师父再拣出拉步让你专练。

韩伯言说活步劈拳已是形意最高一级的东西了，突然看到杂志上公布了拉步，纳闷了：“普通人怎么练得了？”

再如进撤步，就是生活里的自然步，前腿进后腿必跟，后腿退前腿必撤，一条腿迈得不得劲、不是地方，另一条腿迈出去，自动地会减一点补一点，分寸奇准——生活里很自然，比武时很难保持这份奇准。

日本剑圣宫本武藏晚年著作《五轮书》里批判了各种步法，认为都是功夫进程中过渡性的东西，各有弊端，比武时都会危及自身，最终要练成生活里的自然步态，实战才安全——岛国的武术系统，进撤步是步法极致，顶级武者都很难达标，在咱们这儿，是什么人都知道，什么人都练。

光知道一个方法好，不知道要经过前期训练。拿高级的东西当入门的东西练，怎么可能有效果？绝密的东西公开一练，全都无效，世人便把武术轻贱了。

韩伯言晚年感慨：“现今的人哪懂形意啊！好歹我见过。”举例尚云祥时代，一个农村孩子，不识字，智商平平，练三年形意就可以江湖立足，走镖、护院了。

形意门出人才，因为拳理简洁，每个阶段只练一个东西，一个东西反复练，容易成就。不循序渐进，错乱拳理，便不出人才了。

韩伯言说：“那些农村孩子成的高手，常被评说为，虽然厉害，可惜会的东西少——这话很矛盾，厉害是一下就解决了你，这一下就是很多东西，还要会什么？”

华夏文化原本简洁，宋朝以前的书法经典多是小字、文学经典多是短文，朝廷公事文体更短，万言书是范仲淹首创，心路历程和国家政策杂糅在一起，情书笔法，违背了奏折的理性、概括性原则。情书让女人上当，万言书让皇帝冲动。

万言书流绪到后世，成了忠臣的标志，一上万言书，就是舍生取义、国运将转的大事件。康有为搞变法，给光绪皇帝上万言书，开篇便离题万里，论证哲学命题“刚柔”，说最高明的政治是“刚柔相济”。

刚柔在民间是个普遍说辞，用来形容性格、处世、天气、艺术……也用来说拳。形意拳被称为“刚”，太极拳被称为“柔”，又称形意拳是“刚中有柔”、太极拳是“柔中有刚”，以符合“刚柔相济”的高度。

“刚柔相济”很容易被庸俗化，说得像是冷水兑热水的一盆洗脚水。拳理要有操作性，不会这么说刚柔，拳术的刚柔关系是“刚至柔生，其柔自化”。

练功时，小孩气血方刚，内分泌旺盛为拳术的刚，老师傅会激发这个刚，柔是刚发挥的作用，骨骼、神经、内脏受益了，便是“其柔自化”。

比武时，刚是很现实的，就是你的身体结构。比武，就是比结构。他天生体量比你大，搭上手，你想柔化他，根本不可能。想搞“四两拨千斤”，你拨，人家也会拨，杠杆比你长，拨得比你快。

但尚云祥、韩伯言都矮小呀！

那是他俩把自身的结构改了，一动手，就比对手的体量大。你身高两米二，韩伯言身高一米六几，但他发力的杠杆比你长。

骨架是天生的结构，成年了，一根骨头的长度没法改，一组骨头的总长可以变，骨头之间是筋腱和韧带，增长增宽，便改了结构，沉肩坠肘、塌腰落胯便是这种情况。

骨头间的缝隙毕竟有限，骨架结构不易变，肌肉结构容易变——韩瑜谈到此点，做个比喻，超市里买烧鸡，一撕鸡腿，手里就是个鸡腿，说明是养殖场笼养的鸡，生下来没跑过。农户家养的鸡天天乱跑，烤熟了一撕鸡腿，半个身子下来了，腿肌扩展牵连得广，结构变了。

整，是个武行的词，形容发力饱满、透彻，佩服一人功夫，常说“真整！”想要拳劲整，先要肌肉整，农家鸡一般，扩展牵连得广，整个一大块，发力才能整。

变结构还有大空间，形意拳拳式是变结构的宝库。常人一拳以胳膊为杠杆，两米二的巨汉胳膊抡圆了不到一米。形意拳的杠杆，是臂长后面再加上脊长和腿长。各样拳式的本质，是在不同应急情况下迅速整合臂长、脊长、腿长的技巧。

扭胯发力、扭脚腕发力，是最简单的加脊长、加腿长的法子，一试便可验证，西洋拳击手都会。如果对手会，韩伯言就把对手的结构改了，对手在他面前，将呈现出各种莫名其妙的闪腰。

你刚要发力，韩伯言以假动作引诱或贴上一变劲，令你闪下腰，你的发力杠杆便打了折扣，两米二的人只剩不到一米的杠杆，巨汉变儿童。韩伯言一米六几的人，身高加臂长，足足的两米几的杠杆，成了巨汉。

比武时，内在结构变了，体量对比会逆转。尚云祥更矮，一比武便高人一筹，“高人一筹”对于武人不是形容词，出不来这一筹，不会赢一辈子。

体量结构超过对手，为刚。知道刚是这个，实战时的“刚至柔生，其柔自化”也好解释了，杠杆比对手长出一截，就好控制他了，大拍子打小球，可杀可留，打出各种巧妙。

要巧容易，比长难——杠杆上长出一毫半厘，性命攸关，真长出来了，巧妙也就出来了，打人如抛物、打人如挂画、四两拨千斤、引进落空都是意外之喜，自己也惊讶："还能赢得这么漂亮！"

柔是刚的效果，意外之喜，所以说"其柔自化"。

拳理谬传后，小辈人对前辈的功夫不懂了，往往神话前辈。一人来韩家，说最新史料显示，某某前辈会飞，问尚云祥会不会飞？

韩伯言骂混蛋，说："你是人么？"那人吓住了，回答："我是人呀。"韩伯言："是人，就练点人的功夫。"

韩伯言教学，借着讲尚云祥事迹，先做武德熏陶，一般会说："练形意拳真是在修行，尚云祥的东西不取巧，时间熬出来的，堂正的拳法。到咱们门中，学保全性命，还学为国为民，日后遭了多大的罪、得了多大的名，都要继续练拳。"

孩子们听了激动，觉得浩然正气。

但学下去，就泄了气。

韩伯言可能两三年只重复一句话，徒弟在道理上明白了，做出来不纯粹，便还说这一句。练功夫不是动手术，什么不好就能切除什么，是像吃营养品，慢慢起作用。

拳术的师徒关系，是种险境。拜你为师，是以你为榜样学拳的。说榜样好听，其实是以你为敌。潜意识里没有打败你的冲动，不会跟你学。

好师父都是好徒弟的殉葬品。徒弟理解了，师父高兴，看他真做到了，高兴的下面有一份异样。徒弟出了功夫，觉得自己对了，看一眼师父，师父回一眼，心情都复杂。

旧时代，偶尔有不良之徒显世，看师父名气大，找机会当众打师父，从而一举成名。打自己师父比打别人容易，因为了解深，学艺的最后阶段，师父等于是徒弟的高级陪练，所有个人秘密都白给了徒弟，真是养虎为患。

武术本就是爱恨情仇，没有平白无故的好，晚年坏在徒弟手里，师父并不觉得惨到底，会想："徒弟人品不行，起码技艺真，祖师爷的东西借这个混蛋传下去了，将来隔代的徒孙人品好，也就行了。"

怕的是，徒弟打败师父，不是凭功夫，是用诡计。一世的名毁了，祖师的艺断了，这师父没法活了，心里惨得天绝地灭。

老辈人伤了心，不愿在平民阶层收徒，首选富商子弟、官宦子弟。这类孩子学拳是满足爱好，家里事业大，日后不指望靠武术吃饭，武行名声对他们无意义，绝不会发生打师父搏名的事，还有为师父养老送终的财力，会是晚年依靠。

老辈人自爱，风烛残年寄居在别人家，只求温饱。徒弟拿他当父亲待遇，他拿自己当个老用人。

韩伯言不愿意经济上占徒弟便宜，流离失所十余年，能回到自己家里终老，已很满意，对韩瑜讲："师父有师父的心境，徒弟有徒弟的心境，师父不可能全知道。师父吃徒弟的，往往结果不好，生活小事上不痛快，坏了传艺的大恩情，何必呢？"

近三十年，几乎听不到徒弟打师父的事了，多在神话师父，师父是一面社交旗帜，拳术成了名片。名人们相互捧场，徒弟们看了震撼，各觉得自己师父地位高。

拜入一门，是觉得这门关系广，才进来。师兄弟比师父更重要，是可利用的社会资源，学个拳足以打开人际网。

显得繁荣，人丁兴旺，学术活动不断，联谊活动不断，其实很凋零。醉心武术的人少，借武术干别事的多。某次联谊活动，一人缠着韩瑜说话，表达自己多么爱武，下了多大功夫，韩瑜反讽："您有这时间么？"

不料话很投机，那人应答："没时间，还没地方，哪哪都高速发展，不是立交桥就是盖楼工地，想找片树林站会儿桩，都找不着。"

人心社会都不容拳术了。总之，武人不练武。

在特殊年月里，教拳对韩伯言而言是一种生活方式，保持社会联系、与人交流的凭借。也是身不由己，旧时代可以将人拒之门外，而他六十岁以后等于没有家门，谁都可以推门而入。

内心否定了这个人，没教他真东西，但挡不住他来。他对外宣扬"曾追随韩伯言"，还真没法否定。异地相隔，等知道他当师父授徒，他早成了气候，韩伯言不承认，社会上都承认。

韩伯言犯了愁，跟韩瑜诉苦："我的名号不算什么，但我上面是尚云祥，不能连尚师父名号也跟着贬值。"

旧时代，为保证传承的纯正，徒弟不成样，师父有权废他身份，发个"逐出师门"的帖子通知各派，帖子上写明"不要接待他"，不单是逐出一门，全武行驱逐。

或是师父留情，招几位别派长老吃顿饭，说这徒弟其实是个记名弟子。记名弟子可以在武行走动，无权授徒传艺。手把手教过的人成了记名弟子，各长老都明白了，四散一说，全武行监督，此人绝不敢开场子当师父，他这一支便断了。

上世纪八十年代后，人情世故都不一样了，怎么可能这样办事？武行松散，都各忙各的，师父失去了背景支持。没有行业制约，被逐弟子怨恨大，有权有势者一定报复师父。有的是老好人一个，生活际遇也差，只是不够格传艺，真不忍心逐他，让世人笑话他。

韩伯言本人已无法解决此问题，须在自己身后，留待下代人了断。让韩瑜年少时多次向自己拜师，是给小孩种下“师门尊贵”的概念，长大后好维护师门——这便是韩伯言的深远用心。

韩伯言对韩瑜讲：“三次抄家，十余年下放，还能有什么藏着？韩家没东西留给你了。”留给韩瑜的是尚云祥的东西。

嘱咐：“师父对徒弟不要苛求小节，大节不失就行了。大节有亏，此人就不能留了。”大节是拳理，不可谬传。

一九九六年，韩伯言过世，韩瑜二十九岁，功夫初成。

韩瑜高中已学遍形意拳套路，随着爷爷是练功夫，此时拿出来，凭套路表演走访爷爷名下弟子。

谁得真传、谁须清理，韩伯言没向韩瑜交底，老辈人做事总是只留下个大方向，也是不愿孙子早早在心里树敌，将来办不成，难道天天懊恼？

能力大，挖的人便多，没能力，挖不出人，等于没目标，不至于烦恼。爷爷对孙子委以重任，同时有份体谅。

套路表演的好处，是可以取悦于人，可以用于走访。“我给您练一套吧”，也能衡量出水平，比动手较量的方式婉转。韩瑜上门一练，考察观者反应。

虽是普遍套路，但细节上显出韩伯言传的要领，没得真传的人反应大。韩瑜练趟钻拳，观者大喊："练得不对啊！"韩瑜吓一跳，看他表情真真切切，瞬间恍惚："难道我错了？"

那人继续说："不对不对，再给我打一遍！"

是错的，为何还要再看一遍？是他从没见过，借机想学。

韩瑜明白了，这是个有名无实的人。

韩伯言不在世了，说老人留下遗言将此人开除门墙——此人肯定不服，他门下的年轻人是冲着韩伯言名号学艺，将他废了，他徒弟也都废了，伤了年轻一辈的真诚。

韩瑜的方法是越过他去教他的徒弟，当了送艺人，挑他门下一二有天赋的弟子验证拳理，明白了，自然会找别的师兄弟交流，久而久之，这一支便矫正过来。

这步跳棋，两全其美，师父保了名，徒弟得了实。

小有遗憾的是，徒弟明白以前得艺不真，对师父的敬意当然大不如前。见徒弟有了变化，师父的反应分两种，一种是上了年纪善心大，默认了。

另一种则心态不平衡，要在场面上把韩瑜压下去一辈，当韩瑜的“师叔”，见韩瑜不应，还劝：“你是韩伯言孙子，我是跟你爷爷学的，辈分不能乱。”

韩瑜纳闷了：“那我是跟谁学的？”劝者哑口。

韩伯言收徒，韩瑜赶上，便要韩瑜一块拜师磕头，重复多次，是早有预算，让许多人做见证。此时便有人出来说公道话：“老人讲过，爷爷是爷爷，师父是师父。”

2. 一入江湖兵刃冷

老辈人有江湖，江湖是诡道诈术，经过了江湖历练，方算成材。放徒弟行走江湖，九死一生，参拳也参人情。

走过江湖的老徒弟回来，师父会对身边的小徒弟说：“都是当兵，炊事兵和冲锋兵可不一样，师哥是冲锋回来的，你们还是炊事班。”

遇上事，小徒弟们就蒙了，有人上门挑战，师父自己应付，都傻傻看着。挑战者给打趴下了，小徒弟们兴高采烈围上来，盛赞师父，还指导那个挑战失败者："你要再转点角度，发力脆点，也就赢了。"

搞得挑战者心情极差。

等人走了，师父说："你们现在是活过来了，刚才要是我趴下了呢？"小徒弟们撒娇："哪能呢？"

师父又好气又好笑。

光有胆量和技术，没有应变能力，遇事一蒙，胆量和技术都没了。诡道诈术就是取巧，比如偷袭术，可不是背后来袭、睡觉来袭叫偷袭，当着面让你分心，就是偷袭。

让你对他提不起兴趣，也是偷袭。老辈人一动惊人，因为你一开始便轻视他，他就好变化了。

民国上海有位老前辈，一见有人上门比武，就变得很焦躁，急得用两手挠头。其实他一点不急，挠头的动作就是他出招的预备式，拿语言挑逗你，你沉不住气，刚有要动手的态势，他立刻打倒你。

他准备半天了，当然比你快。

诈术很多，完全了解，谁也不能，一看不合常理，就要警觉。李存义排斥此诈术，认为完全以击败对手为目的，作为文化传承不足取。

郭云深、李存义会排兵布阵，都有当大将军的心，忌讳侥幸取胜、耍赖取胜的事，这辈子要立威立名，自然看不上江湖诈术。

套路里一些动作不符合拳理，往往是诈术，比如迎敌时，反应不是躲敌拳，猫腰奔着另一个方向去了，背对敌人，手在脚脖子高度狗刨似的划一下。

徒弟百思不得其解，师父只说是绝招，苦练之下，其理自明。等徒弟学满出师了，师徒密谈，徒弟再问那个百思不得其解的一招，师父告知："你手再往下放放，够到地上。"

徒弟恍然大悟，原来是比武前先看准地上一块石头，突然就奔着去了，抄起来往人脸上扔。

难怪师父让苦练，能在进攻下脱身而出，太不容易。明白了真相，出师后继续苦练，敌人追击下，石头到手来不及回身，到手即飞，凭大感觉往身后扔，要练得十拿九稳，敌人头部高度不能估错。

晚清武师的后系往下传，晚清飞贼的后系也往下传。一年有个人访到韩家，其貌不扬，不报姓名和所居地，得知韩伯言已过世，便要跟韩瑜验证。

当年韩瑜和他都三十多岁，韩瑜觉得年龄相仿，动手就动手吧。一动手，怪里怪气，韩瑜赢了也奇怪，没见过这样的拳术。他输得痛快，还赞："不愧是名门。"

韩瑜问他是什么拳，他说是爷爷教的，告诉是形意，为同门切磋来了韩家。但动过手，他也迷惑，差得挺大。

他爷爷早过世，年少记忆里听爷爷提过韩伯言名号。他觉得自己练成了，来山东一问形意，人们还提韩伯言，知道确是名门，便想验证一下自己的形意。如果韩家人好，就此联谊上了，更是乐事。

他那么友好，韩瑜盛情款待，请他晚宴。虽然心里嘀咕，这一支蹊跷，形意怎么还有这么练的？

民国时代，许多螳螂、燕青、三皇炮捶门人兼修形意，估计他的家学也是此情况，原是传播小的拳种，得形意技术有限，几代杂糅，没形意味了。

到饭馆落座，他先向服务员要两碗辣椒油摆在手边，韩瑜一激灵，想起韩伯言谈过的旧社会江湖掌故，心里有了数。果然上菜后，他并不动这两碗辣椒油，一直闲置。

韩瑜试探，问辣椒油干吗。他说是多年习惯，爷爷教导，在外吃饭，人员嘈杂，手边要有两碗油。

——这是晚清飞贼的习惯，吃饭时受捉捕，抄起辣椒油往人眼上泼。

韩瑜明白了，他来自飞贼世家。上世纪五十年代清剿土匪，千年匪患一夕杜绝，飞贼更没法存活，他爷爷隐迹藏行，没敢教儿子，晚年心疼家传绝技，传给了孙子，不好意思说是飞贼技，年轻时正逢形意鼎盛，堂正大派，当年印象好，便冒了形意的名。

韩瑜不好说破，他见韩瑜对辣椒油好奇，表示愿为韩瑜演示，十分友好。端一碗油出了饭馆，寻个无人墙角，退开两米多，他将油吸在嘴里，猛地喷出，水枪一般。

听油打到墙面的脆响，不需辣性刺激，这力度已把人眼打坏了。比拿碗泼，技术难度高出太多，他爷爷绝非一般的飞贼，韩瑜不由得心疼他：“得下多大功夫、吃多少苦才能练成？”

友好，说的话就多。韩瑜婉转了再婉转，最后话里透出“你练的不是形意，你爷爷是飞贼，家传之技宝贵，最好别四处交流”。

他其实早猜到了，之前也见过形意，但自认飞贼，情感上不接受。来韩家是找个最后验证，觉得韩伯言地位高，韩家人见多识广，或许能看出是形意门隐秘的一支。

山东之行，让他打消妄想，这顿饭后，再没出现。

放徒弟入江湖，师父会讲解些基本经验，走江湖不一定要以身试险，重点是培养出眼力。真以身试险，人家是几代人的诈术，一试就把自己毁了。

走江湖，是练脑。看透基本经验的各种变化，触类旁通。看不明白，要有不去试的定力，要能当即想出全身而退的场面话。

访其他门派，为建立对自己的自信。如果不知谨慎，不但自信没了，还把师门名誉丢了。输在功夫上，也算值得，日后还可赢回来。怕就怕，输在江湖手段上，把师门名声白送他人。

他人善于传播，满天下一喊，几十年翻不了身，三代人怄气。

爷爷在世，爷爷是天，爷爷过世后，韩瑜要看看外面的天。其时一位拳师巡游教学，是一九一二年的天津武士会后系，他的上几代不属于武士会核心圈子，不是大师却是大师的伙伴，驻在天津老窝子，年月熏陶久，大师群里的原传原话知道得多，一显世便尊贵，得年轻人推崇。

韩瑜去拜访，拳师问了师承，听到是尚云祥、韩伯言一系，回应“噢，你们把人赢惨了”，表达了“当年你们是核心我们是外围”的意思。

韩瑜受宠若惊，觉得他真有风范。他说今日来访几拨人，待客累了，脚不上床的向床一躺，让徒弟跟韩瑜

1990 年韩瑜参加北京全国首届形意拳观摩交流大会留影

1997 年韩瑜参加深州第二届国际形意拳邀请赛

验证。

是客厅卧室一体的布局，茶几、饭桌、床、沙发、衣柜，徒弟引韩瑜走到空地，空地不大，两人很自然地站好位，就要搭手比试。

此时拳师躺在床上没起身，哼了一句。话带口音，但韩瑜也听出来了，是“这就是一例”。

来之前已了解拳师的经营方式，韩瑜顷刻明白，是在暗示徒弟下狠手，准备将这次获胜作为本门战绩写进教材。

“曾打败尚云祥再传弟子”的话，可不是闹着玩的，蒙羞的是尚云祥。如再写上“当年的核心已不是今日的核心”，一门都受贬低。

韩瑜警醒，观察处境，发现虽是普通人家的摆设，实则有布局。这个空场是刻意留出来的，室内看似随意堆放的杂物，是让其他空地不能用，只能来这里。

自然的站位也是预先设计，他引你过来，他先站好，你只能站到他对面，便入了不利地形。韩瑜身后是个长沙发，腿一退便会碰到，沙发两米多宽，两米多的范围里，左右躲闪都受限。

简单的沙发，就可让武功打折，令人忽略才是诡道。你心服口服，觉得技不如人，其实中了诈术，冤一辈子。

一站，他就吃死了你。拳击有边缘技术——伪装性很强的犯规动作，借搂抱来肘击头撞，或打后脑后腰，好似误撞上的，裁判难辨真假，没法处罚，受撞的拳手可是真挨了狠狠一下，战斗力立刻打折。

武术搭手也有边缘技术，突然他脚下一绊，或他敞开两手、暴露自身要害地向你冲来，你不好打他，他就撞你。身后沙发别着腿，你必倒。

他的师父当即制止比武，你不服要再比，他师父立刻发火，斥责你没规矩，长辈人动怒，成了吵嘴，比武就续不上了。

到嘴的东西不会往外吐，你一辈子的名声就此丢了。他日出书，白纸黑字，辱及后世。

韩瑜笑了，问这沙发是不是保护措施，为避免把自己发出去不摔伤？拳师徒弟表情自然，应答迅速，说是。

——这是经过江湖历练的人，伎俩被看破后，不急着做补救，保持镇定，看对方出牌。气急败坏，反应过度，没法收场了，不是老手所为。

韩瑜保持笑容："把我想得太差了，你没那么容易发我。"边说边从沙发前离开，走到另一处，此处地上有鞋盒、板凳一类杂物占着边角，乍一看地方不够，真走过去，搭手也能活动开。

那徒弟只好随着过来，搭手一碰，知道扔不出韩瑜，韩瑜觉得让他知道这么多就够了。诈术在先，两人都无心验证，与其说是比功夫，不如说是维持场面，求一个不翻脸的和气收场。

搭了搭，两人住了手，各道"不错"。

韩瑜辞别，拳师说："尚门里还有你这么个人。"

显得大有深意，韩瑜无心辨别。

·

再走访，韩瑜觉得不能自报家门了，顶着爷爷的名声走四方，等于唐僧肉，人人想吃，得不到功夫验证，招来的都是诡道，便失去了走访的意义。

便凭着武术班招生广告，以报名者身份去，自称外行。寻到一个拳师场子，拳师的招生简章十分豁达，可以“先看再学”，还可以“先学再交钱”。那天来看的，另有两三个青年，不是孤单一人的显眼，韩瑜觉得来的时候好。

见有招生可能，拳师兴致高，说：“我们这全是实在。”为标榜实在，学员跟他做对抗练习时，他招招狠手，学员挨了多拳，不想打了，背过身去。他则转着追打，打得学员挂了鼻血。

韩瑜觉得：“人家都停了，怎么还好意思下手？为吸引我们这么点人，就要出血，如果来看的人多，是个场面，得把自己学员毁成什么样？”

不接受这种行为，起意要走。拳师有了新内容，要看的人跟学员试手，那二三青年跃跃欲试，韩瑜也留了下来。

挂血的学员去洗了，拳师回屋喝口茶，场中其他学员跟来看的人试手，确有镇场子的手段，那二三青年不是被发出去几步，便是屡屡中拳。在韩瑜这儿，却僵持不下，韩瑜不想显露太多，只要让人弄不动自己就行。

其他学员不再理那两三位，围过来，换了个人跟韩瑜试。新人想要赖抱摔，稍露迹象，韩瑜还手就打，让其没法进犯。此时拳师出屋，江湖老眼一瞄，让学员撤开，问韩瑜师承何人。

韩瑜觉得既然问了，不说愧对传承，便报了尚云祥、韩伯言名号。拳师乐了:“噢，知道你是练的。”显得亲热，两臂高抬露出胸腹，“你们形意的崩拳厉害，来，你打我肚子。”

韩瑜迟疑，拳师说只是想尝尝尚门形意的劲道，满足一下好奇，半鼓励半恳求。韩瑜放不下面子，准备打了，一瞅拳师高抬双臂的姿态，想起爷爷讲过有位老前辈一逢挑战便急得挠头。

挠头是伪装，手挠头，肘正好对敌。

想起这事，再看拳师，发现抬臂亮出胸腹，也是两肘上方在等着。一拳击去，你没打到他肚子，他的肘先打到你头。说好用崩拳、说好打肚子，你的招法和目标都是唯一的，他反应起来当然快。

只要被打倒，就是既成事实，败绩传播，没法追究“不是我打你么？”的前因。

看破其用心，韩瑜说不敢打，怕打坏了拳师。旁边学员纷纷表态，对师父抗打能力有信心，尽管放胆。

韩瑜笑呵呵支应，双手背在身后，决不会试的表态。拳师自感无趣，两臂放下，表示来一趟不容易，好好聊聊，长韩瑜许多岁，想问什么拳理，他都可以回答。

一帮学员拥着，韩瑜知道走不脱，随拳师进了屋。

落座后，问了一二问题。拳师略作应答，转口说：“你还差得远，没到问这些问题的时候，先看书吧，打个基础。”

拿出了他编写的教材，很多册。有的印刷精致、彩色配图，有的蜡刻小册子般粗糙。

韩瑜赞书好，以为要相送，不料拳师暗示要买。

拎一摞书离去，拳师送出场子，嘱咐“有空常来”，依依惜别，尽显善良。

形意拳练功时，为调理肌肉结构，手伸得长，所以看似用掌的许多动作，实则是用肘。“南拳北腿”的说法是少林拳系统，北方内家拳多以肘法著称，形意、八卦、太极都有“夺命肘”声誉，接近内家拳的八极、通背、燕青、三皇炮捶均有肘法秘传。

韩瑜说，在北方，见到人挠头、理鬓角、掏耳朵、整帽子，就得小心了，是动肘前兆。

采访韩瑜，用老习惯的笔记之法，本子用过数页。韩瑜翻看，见到咏春拳式的画稿，是之前采访叶问弟子梁绍鸿所记。

咏春拳起势是两手腕交叉作翻肘动作，韩瑜说：“没想到南方公开练了，在北方，得师父密授。但估计咏春师父也不会说用意。”

果然，至今出版的咏春书籍，都没提起势的实战意义，公开了架势，还是得密授。

两手腕交叉地翻肘，是隐蔽性打法，北方叫“袖手”。一看处境危险，便两手插在袖子里，自己把手困住，让人以为他没防备，其实你一凑近，他就翻肘打你。

袖手旁观，是个毒招。

还有耍赖法，老脸欺小辈，利用年轻人不好意思。

搭手，你刚发挥，他就骂了：“我是跟你交流，你怎么打人呀？”搞得你不知道分寸了，不敢发挥，他突然发挥，一下打倒你。

还有人气派非凡，善于语言诱导，一搭手，就批评你练得不对，嘱咐你“别抬别顶”，比试改教学了。你按他的话做，当然他赢你。

“奋不顾身”也是一法，毫不设防地向你扑来，你也不能打他脸，他就抱住你了。两人一块摔地上，他也能宣传成打倒你。

诡道诈术泛滥，就伤了年轻人的心，骗人一时骗不了一世，年轻人总能明白过来。一位大学生找到韩瑜，说：“韩师父，你爷爷是名家正传，你再没真东西，我就去学拳击了。”

大学生明显以前吃过亏，韩瑜听了辛酸，不是为他，是为武术存亡。诡道盛行，必毁了武术。

韩瑜说：“不用学拳击，我能留下你。”猴形变虎扑，一个变招破了青年的拳打脚踢，将其击出数步。青年当即表态要拜师，韩瑜欣然应许。

谈完拜师流程要做哪些准备，青年告辞，行两步又折回，说："拜了师，您就是我学艺的最后一站……能不能再试一下？"

青年比刚才更狠，韩瑜迎击，发得他跌坐在地。他踏实了，高兴离去。

挨打了，还不放心，非要再挨一次，可想武术的信誉跌得多惨。

走访是参悟拳，比武就能得东西，这就是走访的利益。

老辈人觉得自己功夫未到"隐迹藏形"的高度，被访到了，不愿意应战，因为动真功夫难免露真形，遇上挑战者伶俐，一看便将好东西偷走了。

八卦掌宗师程廷华有个晚辈亲戚，姑姑嫁到了程家，沾着程家谱系，八卦掌是自小熏陶，但人对从小就会的往往不珍惜，杂学了许多，兴趣满足了，时间耽误了，功夫上不去。

但你让他深究家学，他实在缺乏耐心。

尚云祥师父李存义是程廷华铁哥们，因程廷华介绍拜师八卦掌祖师董海川，李存义传授尚云祥八卦掌，讲明是受程廷华恩惠。

尚云祥碰上他，一见确是人才，有心回报程家，说："小伙子，你得学形意啊！"他佩服尚云祥战绩，尚云祥说话要听，但低着二层辈分，没法求尚云祥手把手教，京城形意拳普遍，找合适的师父学了。

功夫上去一截，但遇上好手还是无奈，发不出人。他去问尚云祥了，展示练出了好腰力，但与人搭手，转腰发力，能发出一般人，对手强硬，他腰就别住了，转不动。

尚云祥说："后面动，前面变化。"

他听不明白，尚云祥等着他不明白，说："你家八卦掌不是有个青龙摆尾么？"

他惊悟，腰转不动，加长杠杆，一摆臀就转动了。

从此他回头深究家学，功夫大进。

另外，养成了穿长衫的习惯，生活里不见得日日如此，搭手、比大杆子必如此。长衫遮挡，不露臀形之变，避免他人借挑战偷艺。

不单是应战师父有诡道，挑战者也有诡道，不为参悟拳理而来，为拿你名声而来。

一次韩瑜外出，落脚地有一位他门他派晚辈，以前见过面，称韩瑜为师叔，要招待晚宴。韩瑜毫无设防，去了，人家便关了院子。

院里一伙人，韩瑜一数是七个，问："你们谁比？"没有应声。韩瑜知道自己大意了，这伙人早有预谋，准备群殴，专为坏韩家名声。

只要挨了打，世人眼里就是弱者败将，没处讲理"他们以多欺少"。

韩瑜居中不乱，说："我功夫不高，取你们两三条命还是可以的，剩下的，取不取得了，也可以再试试。没试成，我死了，你们谁活下来，谁受国法判刑。一个换七个，我还赚了。"

形意拳要练眼，为比武时能出来凶光，震慑对手。韩瑜露出眼力，七人看着，语气变乖了："韩师父韩师父，您想多了。"

韩瑜转身往回走，他们没敢拦，让开路，眼瞅着出门。

应付群殴，要像野地里遇上虎狼，必须镇定，往往虎狼便退了，自己一慌，激发了对方人性中"以多欺少、以强凌弱"的快感，必遭殃。

七人之围中安然脱险，因为韩瑜有过经验，那时还是二十多岁小伙子，功夫上进的阶段。参加工作不久，和一群同事在饭馆吃饭，突然饭馆门口男男女女打成一团。

上世纪八十年代中后期，社会浮躁，出了欧洲式的足球流氓，自己追捧的球队一输，便借机发泄，上街打群架，严重的还砸商店、砸迎面开来的小轿车。

韩瑜和同事们醒悟："今天是不是有球赛啊？"

街上不能待了，这顿饭别吃了，赶紧各自回家。他们出了饭馆，绕开门口打架的人，寻路散了。韩瑜和两个同事一道走，忽然从路边巷子里窜出来一个头上流血的人，后面凶神恶煞地追出一个拿棍子的。

韩瑜和两个同事赶紧跑。足球流氓闹事是为了发泄，见谁打谁。追击者放弃原本目标，直奔韩瑜他们而来。

那时候年轻，同龄人一哄，就跑了。韩瑜一念恍惚，想到“不该跑”，那人已追上，左手扒住韩瑜肩膀，下一秒，右手棍子就要抡上来，打个头破血流。

此时，平日下的功夫发挥作用，韩瑜本能地侧身滑步，回手一拳。那人身子直了，一截木头般倒地。应该是打在脖子上了，晕厥不醒。

回身才见还有两个拎棍子的追击者，距离五十多米，他俩一见同伙倒了，转向就跑。

俩同事停下来。人在受惊吓时，跑几步就累得不行。

百米外的斜坡上走来一群人，奇装异服，多持棍棒，是大队足球流氓，那俩人跑到他们中间去了。

韩瑜嘱咐同事保持镇定，往路边小巷走，不要跑。开始走了，那伙人没追，走着过来，容韩瑜他们离去。

事后，俩同事分析，是韩瑜出手一击，镇住了他们，那一下如果不干脆，镇不住人，他们冲下来报复，“法不责众”的心理下，必然失控，一个比一个出手狠，仨人肯定没命了。

习武首先为保存生命。为人谦退、遵纪守法、办事中规中矩，都是保存生命的好习惯。爱惜生命，人才能有修养，老辈人说“武人文相”是高境界。

练拳程度到了，生理结构改变，劲力长，憋不住要打。拳理参悟上似是而非，要摸清楚到底是什么，心理躁，更要打。

过了“不要命”的阶段，功夫提高，去了躁性，就不那么喜欢打了。等年龄大了，生命意识更强，乐趣转成探讨拳理、授徒育人，更不愿意打，也不爱名了，不说自己练武术，只说“锻炼锻炼身体”。

习武出名，违反“保存生命”的原则，说明处在争强好胜的系统里。有名，便防不了身了，挑战者应接不暇。大街上一走，人人知道你，是个“不要命”的处境。我明敌暗，暗箭难防。

名声也确实没意思，人往往被名声扭曲。

一人来访，必胜的姿态，关门闭户，在韩瑜家里动上手，结果被扔桌上了。韩瑜正考虑怎么说话，好让他面子上过得去，不料他自己给自己找面子，站直了说:“你练的符合拳理。”长辈指点晚辈的态度。

韩瑜知道他不会承认输给自己，甚至不会说来过泰山，那时候年轻，受不了中年人的虚伪，讽了句：“您老江湖经验深。”

那人恼羞成怒，一时忘了是在韩瑜家，说：“你不工作呀，快回去上班吧。”当成在自己家，竟然要赶韩瑜走。

韩瑜哭笑不得，索性直说，当他今天没来过。那人临走说：“尚门还有这一支！”给了份敬意。

形意拳在晚清民国的名家，多出身河北乡间，天津武士会是一帮河北人，二十年代沈阳成了东北武术中心，是河北人去建立，天津武士会的拷贝。

当年河北仍有燕赵悲歌之古风，聪明程度够，性格上有洁癖，刚直易折，一伙聪明人狡猾不起来。河北人在全国形成的武风是“赢得明白，输得明白”，输给了你，反而跟你结下一生友谊，高手群体一家人般亲近。

现今输赢，成了伤财害命，紧张得不得了，彼此看对方的丑态。任何行业没了风度，都没了前途。

一位拳师来访，不是验证，只为联谊。韩瑜款待，出于礼仪，选几位徒弟作陪。席间喝酒，拳师畅谈拳理，年轻人听着来劲，想见识见识，说："您东西好，跟我们师父比比。"拳师随口应答："好啊，比比。"

拳师的拳理跟韩家有出入，韩瑜低头吃菜，正考虑要不要一辩，忽听拳师说跟自己比，自然反应地把筷子放下，登时气氛就不对了。

拳师大声说："小孩们想看热闹，真要给他们看呀？咱俩是当师父的人，别上当。"

韩瑜批评徒弟们没大没小，又把筷子拿起来了。拳师放松了，继续畅谈。韩瑜心念："何必让人紧张？"放弃辩论之想，好吃好喝地陪完这顿饭。

另有同道来联谊，当地武行朋友共同接待，席间一位当地拳师说："好不容易来一趟，您得把东西留下。"

他平时总沉着脸，没什么表情，掷地有声的一番话，不了解他的人会听傻。

说话不走表情，没法判断什么意思，留东西是指教导教导本地小辈人，还是留下名声？如是后者，等于席间公然挑战。

韩瑜去洗手间，外地同道跟进来，友好搂肩膀，邀请韩瑜去他所在的城市，必好好款待。韩瑜明白他多心了，忙解释“留东西”是请您指导一下年轻人，是敬重您的话。

一席人里，他挑上韩瑜来问询。走江湖的本事，要一眼认出敌我，一眼识得人格。江湖老眼中，韩瑜是厚道人，乱局中可托付。

韩瑜授徒常拿鸟比喻，说：“鸟飞翔，控制自如。人很难自控，练形意，就是练支配自己。”

支配自己，不单在比武场上，还在于人事上，更高要求，是在历史作为上。上世纪八十年代，经济搞活，人人下海，但普遍对商业缺乏认识，想不到人还要二十年三十年地活下去，历史会问责。

老辈人将拳术当学问来做，彼此称先生，尊重一个人，会说“我跟老先生学过”，不是真学过，老辈人词汇，说跟谁学过，就是跟谁差着水平。

有公议，才会有历史。

3. 好把旧书都读过

(尚门韩系形意点睛录)

1) 腰长一掌

韩瑜言：“老话说，武艺虽真窍不真，费尽心机妄劳神——话很对，后面还要加上一句，功夫不到瞎折腾。”

武艺指的是拳法招式，窍是分寸。练习的招式都对，但老师没告诉具体的分寸，还是练不出效果。

一人练拳很勤，一套拳一百几十个动作，一日盘拳六遍，舒展大方，几次发力声势惊人，臂膀弹性好，抽鞭般干脆。韩瑜看完说："一日六遍，假的吧？"

那人急了，韩瑜："你的膝盖一定疼吧？坚持三遍，已佩服你了。真要六遍，腿早废了。"

那人说了实话，一日六遍是以前的事，后果是膝盖疼上了，有时练完，楼梯都上不去。膝盖皮肉稀薄，底下是一块软骨片，润滑有限，经不起磨损。

韩瑜说："你把力点放在膝盖上，练拳等于是专门磨膝盖，当然疼。"

他说拳理他懂，力点要放在腰上，所谓"主宰于腰"，他作演示，一转腰，力点就下来了，变成在转膝盖，自己控制不住。

韩瑜说，"主宰于腰"没错，但腰是掌长的一截，不是一个点。你只在一个点上转腰，这个点就要自行找杠杆的另一头了，一找便找到膝盖。

腰长一掌——就是095要，掌长杠杆，撬动全身。杠杆下端是胯，那人试着演练，发现力点落在胯上了，膝盖得以解脱。

胯骨粗大，血肉包裹，不怕磨损。

把腰误解成一个点，于是只在一个点上平转，追求上半身直挺挺的外观，觉得这才是武术家风度，结果把自己约束住了。

知道了腰长一掌，腰是个跷跷板，便敢于俯仰、敢于左顾右盼了。上半身活性在搏斗中尤为关键，看两只老虎打架，不是抡抡前爪，是转着身子打、翻着身子打。

功夫的本质是让人自我调整，比武是比自我调整能力，逢凶遇险，调整不过来，便输了。自我调整是武学灵魂，师父教个大概，徒弟理解错了也没关系，随着下功夫，看他能不能自己调整过来。

到了某个阶段，还要故意教给他一些错误的东西。如果他能从这些错误里调整过来，错误就是宝贝，让他走了捷径。

传武，等于大人看小孩学走路，跌几下没关系。误导是教学的权变之法，后人不知底细，听闻前辈曾这样练功，以为这才是真传正法，便乱了学术。

一日六遍的武人，便是自我调整能力弱，离师太早，误读了拳谱。有师父在，拳谱是印证作用，不是事先指导。

在徒弟将成未成、似是而非时，讲出窍要，为印证。

没有师父，几乎无法习武。离师早，便要深究老谱。形意拳老谱如陈寿作的《三国志》，后人批评太过简练，但深究，会发现好在准确。

韩瑜感慨："现今人练拳，不对老谱了。"

2）捞是鹰捉

都知道尚云祥教法里，在基础拳式的劈崩钻炮横之外，另教出一个鹰捉。公开出来，杂志上登了照片，发现和劈拳没什么两样。

韩瑜说："鹰捉是照片拍不出来的。"照片只拍动作的起点和终点，而鹰捉却在过程中。韩瑜打出劈拳，在拳式将尽、掌位将定时，突然身子向前弹出，立刻回旋，整个人起伏跌宕的一个来回。

韩瑜说："这才是鹰捉，老鹰捕兔，是整个身子悠起来狠狠地一捞。"

鹰捉兔子，偶尔会有"兔子蹬鹰"的意外，兔子回身一脚，把老鹰蹬死了。兔腿强不过鹰爪，兔子是紧缩成一团，突然整个身体弹开，一脚蹬出去才能踢死鹰。

鹰捉和兔蹬其实是一个东西。学形意，从劈拳开始还是从鹰捉开始？是教法的不同，授徒的自由选择。

劈拳的杠杆小，初学者好掌握，劈拳是劈向前方，鹰捉多出来一倍，不止于前，是往返一大程。劈拳击打用掌或拳，鹰捉击打用小臂尺骨，因为劈后还有捞，打击面大。

劈拳练到一定程度，劲力上了背脊，身体要求舒展，劈着劈着，就突破了，自然地打出鹰捉。出来了，觉得这个东西好，自己就保留了。

老前辈的劈拳，最后都呈鹰捉之态，所谓“大劈而下，势如破竹”——大劈，就不是标准劈拳了。小臂是斧头，身体是斧头把，练劈拳找到鹰捉，等于是通过掂量斧头，找到了把子，知道抡把子了，斧头劈力更大。

韩瑜言：“把子出来了，怎么劈都可以。”

尚云祥预先教了，是对形意拳教学独具只眼，理出了另一条训练途径，鹰捉后面还有别的，是一系列的不同。不是先练鹰捉好还是先练劈拳好的问题。

3）扭转成桩

以鹰捉作为学拳首艺，后面的要求是固定胳膊地打劈崩钻炮横，看着是手的位置变了，实在是躯干在扭转。

韩瑜看一位拳家录像，民国时杂糅形意的拳种，拳头绕着身体上下飞转，身体直挺挺的，评价为“盘龙柱”。皇宫柱子上有盘龙，龙绕得曲里拐弯，柱子还是笔挺的柱子。

形意的拳势，韩瑜评为“拧毛巾”，毛巾拧成直棍，每一寸都是旋的。盘龙柱，手很活，躯干没变化，学了形意招式，未得形意理法。

训练出了躯干扭转，手动没有预兆，速度更快。桩法是静止不动，韩瑜叙述，韩伯言在尚云祥门下学艺，完成了肩臂的“撑力桩”，已成快手。所谓撑力，就是手臂撑开别动，养成习惯。

尚云祥嘱咐韩伯言：“什么也不练，也要站桩。”

尚门桩法的要点，是做躯干扭转的训练，通过固定体位，孕育扭转。你用绳子把一人五花大绑，脖子、四肢都动不了，绑一会儿，就看他的躯干自己就扭起来了。

许多人有误解，以为站桩是练横平竖直，打拳是练扭转，其实扭转在站桩已完成。书法也一样，以为楷书是练横平竖直，草书是练扭转，其实楷书笔法已是扭转了，如拧毛巾，以扭转来写横竖。

4）崩拳胯打

形意老谱记载“崩拳胯打”，让人看着奇怪，崩拳明明是一个低位直拳，拳连肩，跟肩有关系，还说得过去，拳头跟胯不连着，怎么成了胯打？

还是得从“身动，手不动”、“躯干扭转”上分析，可做个实验，两拳齐腕一起伸出，不动了，此时左胯后拉，右拳自然击出，拉右胯则左拳出。

韩瑜回忆爷爷教他崩拳时，他在屋里打，韩伯言躺在床上，忽然伸出拐棍挂住他胯，说：“手上不多作。”

许多老前辈是练崩拳出了拳劲，将人震出数步，是普遍作为。如此效果，因为不是一拳之力。形意拳老谱言“起如挑担”，不深究，以为要肩膀用力，便错了。

真实的挑担，肩膀恰恰不能用力，一个担子很重，挑不起来，肩膀就要放松，蹲身鼓臀，以胯向上一顶，胯力大于肩力，便挑起来了。

打直拳，也是胯力大于肩力，这就是“崩拳胯打”的道理。

5）推手僵局

社会上有普遍偏见，觉得学舞蹈、学京剧要从小练功，耽误文化课，比同龄小孩思维力差，真接触，会发现往往比上正规上学的孩子思维强。

舞蹈、京剧做动作，要理清肢体关系，拿捏力度角度，锻炼脑力。民国习武人，多是农村孩子，到大城市成名，都有入世的聪明，便是年少习武开发了智商。

身子会动，等于破解了数学难题。很多人身上不会动，你让他动，他只会动胳膊，与人推手，别人顶住，他胳膊动不了，整个人就动不了。

推手训练，实则是设立个僵局，双方都是只会动胳膊的习惯，俩人就僵住了，除非俩人配合着胳膊画圈，否则“四两拨千斤”、“引进落空”的情况决不会出现。

胳膊上的僵局，胳膊上没法化解，扭动躯干才能化解。躯干从原位上扭开，才能让对方落空，如果躯干还在原位，你胳膊闪开，对方正好打你躯干。你想引进落空，结果引狼入室。

老话将推手僵住叫“问不动”，师父们只会说：“问不动，还是有问题。”不告诉你是什么问题，还故意误导，让你以为是不是画圈不圆、肩膀不松、接触不柔……总在胳膊上想。

师父不会跟徒弟直说拳理，让他们一推就僵地傻推，越推越傻，有一天，徒弟忍无可忍，急得身子一扭，当即恍然大悟。

徒弟太听话，误区里出不来，师父急了，觉得“不能这么老实地傻下去呀？”此时再点拨，话很简单，比如说：“你把那独轮车推起来。”

徒弟去推车，手抓把手，固定住了，腰向下一沉，车起来了——人的本能动作，徒弟要还不明白，师父就放弃他了。师父如慈悲，再点拨一句：“车是手推起来的么？”

徒弟意识到下腰，就结束了推手教程，会推车就会推手了。

6）抖杆成拳

形意门为何坚称岳飞为祖师？因为练起来，便知道“岳飞脱枪为拳”的真实性，此拳确是以枪法作为拳的发力之法。韩伯言说：“耍花枪，是戏台上的。现实里，耍不了花枪。”

形意门大多数时间还是在练枪，就是抖大杆子，大杆子长丈二，整根树苗，分量重，腕力不够用，肘力也不够用，用肩力一会儿就累了，所以耍不了花枪。

想抖大杆子，只能放松腕、肘、肩，用腰力。抖竿子，就是抖腰。老一辈人初次得拳劲，多是抖杆子得来了。杆子本身有弹性，借杆子的弹性，人练的也是弹性，所以使杆子不是摆动，是抖。

抖得棒了，脱了杆子，拳就会发力了。

7）顾法“之”字

老谱言：“顾法为先，先有顾法后打人。”容易误解成防守，觉得形意拳先防守再进攻。还有言“打顾一体，顾就是打，打就是顾”，理解成防守和进攻要一体，攻防同时——那就是迎击了。

错解，是以为顾是照顾，照顾和防守接近。顾法可用于防守也可用于进攻，不是照顾的顾，是左顾右盼的顾。

顾法很具体，就是交叉手。劈崩钻炮横都是左一拳右一拳地交叉练习，拳头是不变的一个点，身子则是左钻右钻，钟摆一般地出去回来。

顾法可以用“之”字来表达，上面一点是拳头落点，始终不变，下面的“Z”形是身子摆动的幅度。

顾法可进可退，如果是活步练习，一拳一步，拳击点是一条虚的直线，地上的步痕是一串“Z”形。

8）洞在胸前

老谱言：“两手只在洞中藏。出洞入洞紧相随。”现今人解释洞，不是指认嘴，便是指认腋窝，各有道理。

拳不离口，口是人中线的标尺，两手连续不断地向中线出击；理解成腋窝，两手只在洞中藏——解释成“手不离肋”，手，包括整个小臂。

以肘护肋，是形意拳的前身——心意拳特征，不符合形意拳。心意拳练功，往往以手贴身，强调躯干的起伏扭转，李洛农改心意拳为形意拳，主要便是改了“手不离肋”，将架势拉大了，腰向后挺，臂向前探，肘如翅膀般展开。

这样改，还是为了顾法的交叉打，拳头直打身体横来横去，直力中有横力。鸟两翼横扇，身子向上蹿，是横力中有直力。肘离开肋，是为了练出横力。

“洞”不是嘴、腋窝那么小，是指胸口至嘴之间的一大块区域，这是双手最佳定位区，最容易发挥身力，如果手不在此区域，便是陷入险情，身力难为了。

擒拿和反擒拿就是在争夺洞，你的手离洞越远，对方擒拿越有效。手还在洞内，浑身一抖便可挣脱。胳膊被别到身侧，离了洞，你浑身一抖，反而帮了敌人，把自己关节别断了。

9）行似槐虫

老前辈的拳照，同一个姿势，有人是摆的，有人是劲力拉成的。看着会迥然不同，拉成的姿势给予观者饱满鼓荡之感。

拉不是直拉，扭着拉才有鼓荡感，小臂面与上臂面要错开，呈“S”线。老辈人评某人功夫差，说他“一辈子胳膊是空的”，两臂抗不住打，也发不出力，因他站桩阶段，胳膊未作过“S”定型，白站了桩。

许多人收势就是收胳膊，其实是累了，等于停了，而“收”字本有力度。形意起势收势叫抱拳存身，不为表演好看，是尽情地各拉一次。每天练起势收势，就可以健身了。

某外国拳学家说：“全世界的人打架都是两手两脚，所以全世界拳术都大同小异。”此说对于形意拳恰恰错了，两手两脚外，多了个脊椎。

实战搏击时，形意以脊椎发力，脊椎定胜败，作用大于手足。老谱上言“行似槐虫”，槐虫就是槐树上长的肉虫，俗名吊死鬼，不是全腹贴地式爬行，而是后背弓起来，拉得尾与头接近，呈“n”形后，上半身擦地探出，落实后，再次弓背拉后身。

槐虫是前身拉后身，形意的拉步是以躯干拉后腿，所以有的派系将拉步叫槐虫步。

但槐虫行走是两个特点，前身拉后身之外，更重要的是弓背，拉步只有一个特点，并不足以担当“槐虫步”称号。

于是一些人自由联想，创作了各种槐虫步，标榜秘传。如在迈步间增加一蹦，在高度上比拟槐虫弓背。或是做成连续两次跳跃，第一次跳时两脚并在一起，以符合槐虫弓背时头尾接近的状态。

表演起来潇洒灵动，类似舞步。用于实战，因两腿调换频率高，容易失重，危及自身。

韩瑜说：“行似槐虫，不是步子似槐虫，想成迈步之法或行进路线，便脱离了实战。”

韩瑜演示正传，躯干呈现“S”线动势，讲解槐虫弓背不在步上，在躯干上。“S”线动势，是脊椎发力的状态。

难道“行似槐虫”错了个字,应该是“形似槐虫”?

韩瑜表示“行”字准确,躯干形似槐虫的最大效用,是在打斗移动中能随时发力,形意高手前进后退皆此体态,所以还是行似槐虫。

10) 足踢猫展

形意崩拳里有“狸猫上树”一式,还有“狸猫倒上树”。

狸猫上树的正招,就是一个正面低踹的动作,如猫爪挠树,挠上了再蹬劲,身子就往树上蹿了。不是出脚即发力,踹上了再发力,想踹出力度,得以胯为轴,脊椎猛的一挣才可以。此种发力已很高级。

变招很著名,海外咏春、泰拳的宣传片都借鉴,因为动作漂亮,吸引青年。脚不踹了,改蹬在敌人大腿上,整个人腾空,自上而下,以肘部砸敌头盖骨——形同杂技,应是民国老前辈人前炫技,给世俗留下的印象太深,以至广泛传播。

实用的变招,不是自己腾空,是敌人变矮。一脚踹去,敌腿歪了，敌人上身栽入我怀，我一肘击其后颈。头盖骨结实，作为击打目标，未免不智。

倒上树——猫刚要下树，惊觉地上有危险，后爪能把整条身子拉回来。狸猫倒上树，是踹出去的脚，挑踢着回来，一腿做两个动作，需要胯窝有连续振荡力。

猫上树，身子伸展得很长，一棵大树，抓几下就上去了。上身伸展度越大,脚力越狠。没经过形意门“槐虫”躯干训练的人，不会拿脊椎做杠杆，但本能地踢腿时张开双臂，以臂长为杠杆，来扩大上身伸展度，加重足踢。

11）以腕为手

实战时的身体分寸，要在站桩时养成。桩法细节，直接关系到实战的速度力度。如站三体式，脊柱和四肢的大结构没调理好，师父不会说细节。

大结构成立了，师父会细调，日后实战，谬之纤毫差之千里。如浑圆桩，两手胸前一抱，目空一切——不知道看哪儿，师父也不提，让你茫然着。等你架势对了，师父嘱咐：“往远看，远看养眼。”

原来远看就是目空一切，忽略了附近的一切。

三体式是应敌之姿，一只手摆在眼前，师父嘱咐“看手”。站一段时间，你大结构好了，师父就觉得你眼神不对了，说：“别看手啊，越过手往前看。站桩看手，养成习惯，视线上永远短一截，将来怎么比武？”

徒弟纳闷了：“是你让我看手的呀！视线上短一截——这么严重的后果，怎么现在才告诉我？”

因为前一段时间，你全身都是错误，没到细调阶段。

再如手的定位，师父开始笼统一说“手放在两眼中线上”、“手放在口的高度”，你就一个巴掌大概其地一放。站久了，自己也会求细，手掌是很大一块，不满足了，非要找出手上一个点对着中线、口高。

一般的教法，以食指指尖、或中指指尖、或虎口、或掌背中指掌节，身体结构会发生不同变化，直接影响实战应对。

尚云祥的定点是腕，老拳谱上写的手脚定位，一律换成手腕脚腕。腕为定点——练时少一截，架势更紧凑，更能绷上劲。实战会多出来一截，养成了以腕为标准，你觉得还没打到，手脚已打到了。

另外，防守更严密了，指尖放在中线上，左手还在左边，右手还在右边。腕放于中线，左手就伸到右边去了，右手也伸到左边去了。

以赛跑做喻，等于你的起跑线比别人都靠前，当然你的速度比别人快。

从指尖挪到腕子，是尚云祥的“咫尺天涯”，改了分寸，便改了生死结局。

12）龙虎相交

什么叫龙虎相交？势均力敌，为龙虎相交。

前后身、左右腿、上下手，都是势均力敌的——这是形意发力状态，一分出主次强弱，就发不出力了。

形意有单腿独立的桩法，两腿也没有强弱之分，支撑腿受力重，悬空的腿一样重，要用腰力将它紧紧收住，收力和撑力相当，一惊弹，即形成击打。

势均力敌，会形成回环，古人画“龙虎相交”是龙虎回环转圈。

炮拳有砸打有挑打，韩伯言连贯做去，分不清是砸是挑，火车轮子滚动一般。韩伯言做“压打崩拳”，一手摩擦另一手小臂上面打出，连贯出击，如压子弹上膛，发力如回环。

有人发力成不了回环，模仿高手，两臂空做回环，带动躯干乱晃。师父见他做怪，会按住他身子。因为他的身子不是主动，是被动的，养成习惯，回环力永远出不来。

韩喻连打了三个崩拳，没爷爷的气势磅礴。韩伯言说：“别一下一下戳，古人一马三箭，是连发的。”

日后韩瑜参加武术表演赛，打五行连环拳，劈崩钻炮横不按单式打，呈连环状地打，劲力回环，自然呈现五拳。

形意钻拳类似拳击的上勾拳，不是手勾，是腰上勾。韩伯言见人打钻拳不动腰，会说：“加上个八卦掌的大蟒翻身。”

大蟒没有手足，不翻躯干，没的可翻。打钻拳是翻过去又翻过来。

有人说炮拳要“拳打七星”，七星就是头、肩、肘、手、胯、膝、足，运动状态下人体的突出点，其实“拳打七星”是指七星步，北斗七星是一个转折造型，炮拳以转折进攻。

是步法回环，转过去又折过来。

形意蛇形有吸食、吐信、拔草三式，理解成三招就错了，是一个连贯动势。蛇无足，身子扒地、蹬地，练蛇形是身上回环。

许多人练龙形，飞起来踢一脚。尚云祥不让踢，龙形是倒换脚，肩膀和膝盖定位不变，两脚倒换过来，只要肩膝不失形，在迎击敌人时，一倒换，你就转到他后侧，犹如揪住龙背脊往下撸，他后颈后腰一线，你就随便劈了。

龙形是脚位回环。

韩伯言说：“尚师父功夫大了，打龙形看不见脚。”不是快得让人眼花，而是身姿拿捏得好，换腿极具隐蔽性，不知道他是怎么换过来的。

身上出了回环力，不自觉地会抖，自己意识不到。

出来了抖，是好预兆，但抖并不好，说明你的回环力还磕磕绊绊，你抖上瘾了，回环力就给破坏了。

师父把他拉开，或一脚踢开，抖就止住了。

师徒之间，很容易形成催眠效果。他练得不对了，你一看他，他马上全对了，这是以前教学形成了良好暗示。

师徒对抗练习多，徒弟挨打成了习惯，去外面打别人是凶神恶煞一般，回来一见师父，自己就想摔倒。

武术是利用习惯去教学，不是讲道理，很多时候不能教正确的，一下让他做到位，他做不到，反而把筋骨憋住了。

徒弟程度到了，教正确的很简单，师父一拉徒弟后腰，他一惊，就找到了回环力。青春无价，年轻人有时一急，便会找到拳劲。师父不想教，便别让他着急，让他永远津津有味。

让他超不过你——师父有很多办法，一摸就知道他要出劲了，不点破，给他个误导，劲就出不来了。

套路能永远教下去，教真打则不行，一搭手，徒弟把师父打飞了，教学立刻结束，你没法再说他不对了。教学顺利，徒弟进步，师父不喜反忧。

教和不教，真教和假教，只有师父清楚，外人难以理解。形意拳理是处处龙虎相交，师徒最难龙虎相交。

13）抱头回身

老谱言形意拳四大特征“鸡腿、龙身、雷音、虎抱头”。

鸡腿是蹬踏行步、龙身是躯干鼓荡、雷音是体腔声震、虎抱头是小臂拱形进攻。

所谓“虎一扑食早抱头”，老虎扑向猎物，两前爪护头扑出，等于是个藏头裹脑的劈拳。

劈拳练习时，手臂高度以鼻尖为上线，基本在胸口活动。虎抱头，则把劈拳架子前后拉开，腰臀后撤，头部就降低了。前臂抬高，呈月牙形挡在面前。

古战场的盾牌手冲击，也是如此姿势，整条小臂立面贴在盾牌内壁，小臂与头同高，形成拱形，更具冲击力，更能保护脸面。

三体式是固定的劈拳，前后步形，前手伸展，与前足齐，后手在前手肘下，后手肘与后腿膝盖齐。做完三体式定型训练，即要大量做虎抱头训练。

问：“三体式不是格斗式吧？”韩瑜回答：“实战有很多情况，三体式手臂撑开，是不让敌人冲过来，阻断他。”

三体式桩法做的是竖相头、身、腿，横相肩胯、肘膝、手足的关系，横竖都是三。许多人摆架势有三体式，手一放下，三体式便没了，桩法的成果则是脱了桩形，横三竖三的关系仍在。

虎抱头等于三体式的变形，头向前拉，臀向后拉，呈低头猫腰姿态。老话讲“低头猫腰，学艺不高”，唱戏确是如此，脖子、腰板萎靡，看着不精神，但在拳术上，能低头猫腰，功夫才高。

打斗紧急时能弯下腰，说明腰肌强健，达到自然反应的程度了。常人腰肌薄弱，你告诉他“动腰”，他都不知在哪使力，眼前紧急，想弯腰也弯不下去。

弯腰得专门训练，把习惯改了。回头也得做大量训练，说明日常生活的回头在比武时不成立。

回头，改成回身。光脖子转，没调动身体，非常危险，一个回头就把自己卖了，成光杆司令，抛弃了大部队。

老虎调尾，是整个身子旋回来。

形意的回身训练，比正面训练重要，不但是保命要诀，能体会回旋之力，更容易练出拳劲。经过回身训练的徒弟，一搭手把人打飞了，自己还嘀咕："这是个什么东西？师父没教过啊！"

其实就是回身，一百八十度的动作，你做了三十度。

回身功力深了，不用回头回脚，直接身上摇转，身子把手抡起来，可向四面打，便是老话讲的"回手即鹰捉"。

回头很危险，因为你的方位没变，是个固定目标，一回头，正好凑到敌人拳头上。回身则是偏开角度转，回过来就是以外侧对敌，把敌人向外赶。

年轻人搭手，没有高下，彼此都在训练阶段。每个师父的训练程序不同，有的先效果有的后出。韩瑜教育徒弟："无所谓胜负，都是积累经验。谁也不能代表自己的拳种，他输给你，是他功夫没到、学的内容还少，不代表他的拳种不对。"

14）炮拳猴相

世面上流传的炮拳，多为一手上架一手直击。上架之手为挡住敌拳，直击之手相当于一个高位的崩拳，挡了一下再打崩拳，等于是崩拳的系统，何必独立为炮拳？

尚云祥传韩伯言的炮拳，上架之手与众不同，要缩在额前，好像京剧里孙悟空的“猴望远”的亮相，所以叫炮拳猴相。

缩回来一截，技击意义完全不同。堵住敌身，几乎两人抱在一起，才会出现如此猴相。不是敌人拳头来了，我架一下——敌我都没那个距离，我拳贴额，小臂就把头和颈都护住了，小臂贴着敌臂，浑身一拧，把敌臂转开，也把自己另一手转上来了。

不是一挡一击的两下、一横挡一直击的两个方向，而是一个拧，双手方向位置的不同是一拧而成。

衡量标准是，额上护手和击打手在同一条线上，这就是拧。不在同一条直线上，就是平着抡了，在贴身距离下，没有这个空间，发不出劲。

炮拳不是中远距离的打法，架一下打一下，迎击拳击会吃力，只有贴上去才有胜机。韩伯言曾和一人赌“武术能不能对付拳击”，用的便是炮拳。

炮拳的精华是拧，拧为调膀调胯，两肩两胯迅速调换前后位置。

另有一点补充，前文讲过，尚云祥改了手的分寸，以腕为手，“手”的位置皆为腕部位置。肩也改了分寸，以后背的肩胛骨为肩。松肩，要松肩胛骨。

所谓膀，是指锁骨、肩突、左右上臂大肌、背后肩胛骨这么一大块。

崩拳调胯，老辈人练崩拳，多是一打几里路，一趟下来，胯里会了力度。下身充实了，上身空着也不行，那就赶快练炮拳，一步一调膀，几里路下来，膀里会生力。

经过调膀调胯，能当贼了，贼贴身偷钱包，我们贴身偷人命。大多数人抡拳头劲力十足，其实没有膀子，一被人贴上，就不会动了，因为肩胯调不过来。

韩瑜年少时亲见，韩伯言坐在椅子上，让一个青年站后面拉他肩，向前打一个猴相炮拳，青年身子给带到椅子前面去了。

老爷子显了功夫，青年很激动。韩伯言让他打几下炮拳，青年一演练，护手和打手不在一条线上，韩伯言登时没了兴致，叹：“这么教，还打歪了。算了。”

青年很郁闷。

不在一条线上，不是手不准，是膀没调好，只是前后调换。平面调膀，击打手的位置永远不对。

调膀，臀得兜起来。人想向上，臀都得兜起来，最明显的是爬杆、攀岩，臀不兜根本上不去。手想上来，臀也得兜起来。

15）小鬼扯钻

老话讲“学会鬼扯钻，天下英雄打一半”，其实另一半也是鬼扯钻打的，鬼扯钻是一个拳理，不是具体招式。

扯钻，是老工艺。一个立着的钻头，钻头杆上系着一根皮条，横拉皮条，钻头就向下钻了。尚云祥说成“小鬼拉扯”，更容易让人明白。

形意所有拳法都是鬼扯钻，横拉能出来竖劲，竖钻能出来横力。老辈人教拳，为让年轻人明白，会在他们打劈拳时喊："带上点蛇形。"

劈拳前劈，蛇形横转，恰成扯钻之势。

直讲扯钻之理就成了，为何前面要加上"小鬼"两字呢？皮条拉钻杆，咿咿呀呀，有时听着还有语气，还有整句子，好像小鬼说话。

参天大树，一把锯子就倒了，细小东西办大事。许多不可思议的丰功伟业，都原理简单，得知其简单，更令人称奇。

比武实战时，突然神乎其神地身上一拉扯，横力出竖劲，敌人应手即倒。

这一下怎么来的，鬼扯的？还是人扯的，平日训练成果。只是没料到应验成这样，自己惊讶。

16）葫芦弯走

韩伯言说："咱们门里有个葫芦弯。"

葫芦弯就是八卦掌步法，李存义把程廷华的步子拿到了形意门，不要八卦掌法，觉得手势上形意拳已够用。

葫芦是“8”字形，按传统讲，走“8”字叫“串九宫”。走圈是八卦掌典型训练，韩家走八卦步却不走整圈走半圈。

葫芦轮廓外形是一个“(”之下，再一个“(”，不是一方向绕下去，走成“O”，而是换了向。实战没有单一方向，敌我都频繁转向换位。

不走满月走月牙，出去半圈，再回来半圈。练时眼前有假想敌，前半圈练堵住他，后半圈练捕杀他。这来回半圈，可大可小，三两步也是葫芦弯，三两步就能完成堵住、捕杀，当然高明。

尚门韩系里的八卦传承，不走圆，只走葫芦弯。

17）鼍形问路

尚云祥年代，人在江湖行走，遇到形意同门，以鼍形手势表明身份，名为“鼍形问路”。

鼍形手，拇指食指挑起，犹如常人比画数字“八”的手形。鼍是古代水中猛兽，已灭绝，摆尾游行，今日鳄鱼可见其动态。

鼍的长尾，比喻在人身上就是后腿。尚云祥说："鼍形后步能捕人。"

人的本能习惯，向前冲，前腿遇上阻力，就不敢动了。会蹬后腿，前面有阻力也能冲过去，老谱言"消息全凭后足蹬"便是此意。

老谱道理讲得透彻，一读即懂，但很少有人能体现，就是不知道怎么下功夫，遇上实战，后腿蹬不出劲来。

还是错解了"意"字，以为多注意就行了，蹬后腿是个意识问题，便耽误在意识训练里。意识训练往往无效，形体训练多了，意识自然就有，老话讲"形高意妙"。

形对了，生出的意也对，什么形生什么意。意不能指导形，形能指导意，你臆造"飞意"，但你飞不起来，"飞意"自然就没了。

形意站桩不是向外放劲，而是向回拿劲。拿得多，才能放得狠。形意拳有降龙桩、伏虎桩，伏虎按"降龙伏虎"的词义，应是制服老虎，但单看"伏虎"二字，理解成老虎伏着的姿态，在拳理上也成立。

老虎扑食前，伏在地上，整个身体回缩着，正是形意拳的桩法要领。缩得紧才能发得狠。

枪法里有“粘身纵力”一说，枪尖触到敌身，才抖杆发力，一下刺进去。在拳法上，没大枪杆了，得把“身”字理解成我身，身体粘缩着，突然一纵，所谓纵身一跃，但脚不离地，以身体纵开之力打上敌人。

老谱言“束展之下敌命亡”，束是粘缩，展是纵身。伏虎桩，像潜伏的老虎，光做由前往后缩，没意思，因桩形就是向后缩，还要左右缩，以蓄势左右撞。

鼍形实战时后腿蹬不出力，是站桩时后腿蓄势训练少了，此时才用上“前三后七”的话，重心三分在前腿七分在后腿，不是摆成的是缩成的。是蓄势之态，不是自然形体。

功夫得到了“自己能称自己体重”，心知一举一动的斤两，才能练“前三后七”，否则肌肉僵，神经不敏感，说是学机巧，实则是拿全身重量压一条僵腿，如果还要发力，等于大力碾膝盖。

因为现有水平发不出力，力都憋回身上，自我折磨。

18）横拳不发

初练横拳，不让发力。横拳训练躯干如弹弓的劲，把躯干力量培养起来，打横拳等于连续拉弓，你躯干的力量还弱，匆忙发力，只是手臂在抖，反而破坏了训练。

“爆发力”是效果，对方感觉被炸了一下。自己感到很猛，炸了自己一下，对手没反应，还是没用。

一拉胯一展身，没觉得出力，对方已倒了——这才是实战技，不是自己发力痛快不痛快。

功夫要在平日养成，在日常生活里改掉日常生活习惯——这很难，拳击散打运动员放弃生活，一天到晚练，练两年就有两年。习传统武术的人，往往是业余爱好，没法脱离生活，十年拳龄，有效时间可能不足两年。

比武心慌，还是日常习惯没改过来。两眼间向前延伸的中线，能守住，敌人便攻不进来，但常人害怕必头躲，头一偏，中线就没了。

守中线，得通过站桩养成习惯。

常人遇事，膝盖容易哆嗦，所谓“吓得人矮了半截”。

站桩首先要固定膝盖，膝盖不动了，胯才能扭转。

两胯拉扯，是发劲要领，膝盖绷不住，先散了，胯就发不出力了。前腿膝盖尤为重要，前膝定位住，身力才能长起来。但前膝最易哆嗦。

蛇形龙形都前脚外掰，便于发挥全身上撑之力，作用于前臂上，可将敌人发得两脚离地，所谓“拔根”。师兄弟推手做实验，很容易拔根，一到实战，前脚就不知道外掰了，只会直着。

道理很好讲，习惯很难改。

19）内揉五脏

形意拳基础是五行拳，五行是金木水火土，作用于敌是劈崩钻炮横五拳，作用于内脏是肺肝肾心脾。

五行作为政治概念，用于改朝换代，秦夺了周朝，汉夺了秦朝，都用五行学说给自己找合理性，天时是金运取代了木运、火运取代了土运，人间应天时，所以夺权是应该的。

劈拳扩胸含胸，首先锻炼了肺。崩拳拳式可以鼓动肝区，钻拳鼓动肾，炮拳鼓动心脏，横拳鼓动脾脏。内功就是以躯干蠕动按摩内脏，自己当自己的按摩师。

其实一拳便可按摩五脏，每一拳都用腰，鼓动体腔做整体按摩。内功只能自己练，五脏有胸骨肋骨防护，请按摩师，按不入五脏。

常人习惯在胳膊上用力，打形意，躯干呈槐虫动态。上古没有开刀之说，五脏生病，多是自我锻炼，蠕动躯干得以治愈。

形意拳为杀人技，核心却是上古养生之法。

劈崩合演（韩瑜弟子陈震、钱祥村）

半步崩拳（韩瑜与弟子罗光玉）

炮拳

鼍形

鼍形问路（韩伯言弟子袁增祥、禚文煜）

蛇形

龙形下式

龙虎相交（韩瑜与弟子罗光玉）

虎形

骀形

白猿登枝

鸡步搓掌

抖翎

鹞子入林

燕子抄水

燕形起式（除另行注明的，图中演示者均为韩瑜）

五

造物

（喜峰口大刀术）

一九三三年，西北军在喜峰口长城抗击日军，以宋哲元部大刀队最为出名，入军授刀的武师很多，以尚云祥最为出名。一是尚云祥本身名气大，二是宋哲元部下里来自山东乐陵的青年多，尚云祥祖籍乐陵，同乡情谊，格外用心。

大刀术是简化的形意刀，尚云祥教的是劲法，学会劲法，招术可随意发挥。刀简陋，铁质不佳，没有刀鞘，奔赴战场，背个行军被子卷，刀就插在被子里。

刀形三分之二刃、三分之一把子，两手持握。把子长，好利用杠杆，出力大。把子末端有个铁环，刀抡到身后，把子还对着敌人，可直接用铁环劈砸。

一般刀术表演，都作开手——空着的手向前伸出，好似京剧亮相。开手原意是有个盾牌，古战场上，先用盾牌顶住，再出刀。盾牌总在刀前。

后人不解古意，照猫画虎，空手摆在刀前，养成习惯，一上战场，你空手伸在最前面，还不一下让敌人砍了？

一般刀术表演，有很多缠头裹脑的动作，刀在头部附近来回绕，其实那是匕首技法，最长为一尺的砍柴刀，贴身战的形态。刀一长，中远距离格斗，没法缠头裹脑，很难防住敌人，很易砍到自己。

尚云祥授刀，取消了开手、裹脑。

拳法要中线防守、中线进攻，所谓“拳从口出”，口是正中。出刀，则不能对着嘴，要从头两侧劈，劈的路线遮蔽了自己的头——这才是真正的藏头裹脑，以出刀角度来藏头，不是拿刀在头边绕。

没有盾牌，刀背就是盾牌，刀背长度足够形成一个大的拦截面，以大欺小地挡住刺来的枪——尚云祥传的大刀术就这么简单，反手用刀背一挂，敌枪上了刀背，你再顺手一劈，正中敌头。

持刀双手顺过来，因为杠杆作用，敌枪便弹开了。顺手、劈是一个连贯动作，顺手劈和前面的反手挂也是一个动作，一个“S”形的连贯轨迹。许多人练成一挂一劈两个动作，十分危险，上战场必死无疑。

大刀刀把长，两手握着，两手间至少要有一拳的距离，这样设计，是为利用杠杆。不要想着怎么挂，怎么出螺旋力，你一反手——上握手左旋、下握手右旋，刀自然就螺旋了。

敌枪碰上刀背后，不要想着怎么粘怎么弹，你一顺手——上握手右旋、下握手左旋，敌枪自然就被旋开了。

做成一挂一劈，太危险，因为劲直楞，挂不住敌枪，并且力量投入太多，敌人好感知，能较劲，刺刀一变向，就扎过来了。

老辈人谈刀，都说“刀要轻碰”，外行人以为是惜刃——不愿意磕损兵器。哪知轻碰二字是保命之法，重磕就丧命了。

用形意门词汇，可将此刀法形容成“撸挂卷刀”，但对于士兵，概念太复杂，只说“反手顺手”，能掌握就好。

练刺刀扎靶，刺进去可以猛抽回来。用咱们的大刀，要把“抽”字从脑海取消。一刀劈出去，抽回来再砍一刀——这种做法，在战场上是不要命了，遇上刺刀老手，借着你回抽就刺过来了，等于你邀请他杀自己。

以前有歌唱“前进、前进、前进进”，是典型的战场肉搏战意识。不回抽，怎么变招？继续向前，通过反手顺手，让敌人身体偏了或劲偏了，就变过来了。

如果扎进敌人身体，也不抽么？人体有弹性，手劲好，刀劈进去会弹出来，人体里留不住刀。如果实在出不来，也是反手顺手，刀出旋力，让敌人走偏脱落，滚一边去，而不是抽刀。

盾牌加刀的用法是，用盾牌顶住敌兵器后，以盾牌为轴，身体横挪一步出刀，等于是形意的钻拳或圈掌。大刀是一柄刀既是盾牌也是刀，也用横挪步，刀背一碰，身体就横向走了。

顺手反手之技是物理，对大刀的长把造型，最大程度地善用。尚云祥还将形意拳特有的“行似槐虫”加入刀法。

行似槐虫，原本来自战场。古战场步兵用长枪，两军对冲，两杆枪顶上了，都不敢撤，生死攸关，哪有“引进落空”的事？胳膊稍一松，对方的枪就扎进来了。

既然顶上了，手、肘、肩都动不了，只剩下动躯干，弯曲弓弹，以身力突破杀敌。

战场上，不知会打多久，不知会遭遇多少敌兵，手、肘、肩都脆弱，壮小伙子拿一把三斤重的刀，砍一会儿，就肩酸手痛了。

必须放松手肘肩，用身体弓弹之力使刀，否则敌人来了，你肩膀累得提不起刀，学过多少招都白搭。

尚云祥将道理一说，演示下“行似槐虫”的动态，士兵们练练便会了，一抡刀身上就起波浪。

其实“气沉丹田”也是从古战场来的，八卦门的战身刀也很长，长刀都有盾牌功能，战身刀更明显，刀杵地到胸口，重达九斤四两。

从物理上，就不是一只手能拿的，一手握柄一手扶着刀背，两手持刀。刀这么长，打起来，则是矮着身子打——好像没实战意义啊？

非常实战，是夜战刀法，视线受局限的情况下，不了解地面状况，矮着身子，绊一下能迅速调整过来。看不太清来敌，接了招才能反击，所以刀身要大差不差地护住己身。

前文说过用盾牌要转轴，战身刀有盾牌之效，也是转着打。八卦掌本是群殴打法，身体不停转着，才能遇到刺激，变出招来。

战身刀那么重，矮着身子，能不气沉丹田么?

用任何兵器，战场上过了十分钟，都气沉丹田，以腰胯发力了——这是唯一的生存之道。不能气沉丹田的，都累得没劲了，任人宰杀。

教士兵，要教给他们什么是“生死状态”，往这个状态调整身体，可以速成。反手顺手、行似槐虫训练不久，关节旋转度大了，筋抻长了。关节放开、筋放开，不用专门练，是自然体现。

韩伯言说：“刀避形。”刀不能露形，出现劈、削、抹、斩的形态，一定刀法不高，好手一斩一挑，别人看不出，只见刀如旋风。

做成一下一下的劲，就破绽百出了。刀避形，就是刀不停。

上世纪六十年代，各军区搞“大比武”练兵，有拼刺刀比赛。一位当年某军区拼刺刀第五名获得者，与韩瑜相逢，演示了刺杀之法。

这位老兵木枪枪托不离腰，弓身而刺，劲力很整。韩瑜看了吃惊，事后对朋友讲：“大比武水平高，拼刺刀拼出了形意拳的劲。”

后来追查，可能就是形意拳，中国军队最早的拼刺刀手册是一九一七年之前李存义写的，名为《刺杀手册》，后来北方各系部队沿袭其书，再做增减，各造手册，但核心技术流传下来。

师父李存义编了中国式刺刀术，徒弟尚云祥编了克制日式刺刀术的大刀法，并都上了战场。国家危难，武人要向国家献技——这个民间传统，这对师徒做到了。

用剑，要懂得一刺之后产生的物理，用刀也一样，清朝刽子手砍头用的鬼头刀——刀托上有个鬼头造型，使鬼头刀的劲儿是研究人颈骨得出来的。

东北深山老林的伐木工，斧头不是一劈到底，劈一半，一截木头就全开了——这就是形意拳的翻浪劲，常年干活干出来的，用肩膀劈太累，就改用腰劈，用腰劈还累，腰就做上了回旋。

翻浪，如槐虫之蠕、波浪之滚。最终是手臂动作越来越小，身上动作越来越大，汽车轮胎不着地的点也一样受力，形上越圆满，劲上越猛烈。

一些老前辈打人不露形，看不出躯干翻浪——是你太差了，老前辈没做够幅度，已把你打飞了，当然看不出。

真功夫是腰能蠕动，人间大美也是腰间动态。美女婀娜多姿，是腰姿，虎豹奔跑非常美，也是腰姿。

野兽常能出现非常优雅动态，你出了腰姿，老师看到了，会说："你弄出点事来了。"

尚云祥大刀教劲法，招法就一个反手顺手，因为招法不如劲法，劲法变化多，内在的劲力一变，便出了新招。

要自己有力、主动攻击，不要想着借劲——借劲都不轻松，都速度慢。比如跺脚震足，想借地面反弹力，可你自己腰里就有劲啊，一弓身就有了，非常迅速简便，何必多此一举，去跺脚？

刀碰上对方兵器，想借上对方冲击力，对方就跟你较上劲了。别耽搁了，一碰就转向，把敌兵器甩开，他追不上你，你就劈中他了。

游泳运动员下水第一冲，是身上扭，在水里找角度，突破阻力。跳下水时，身体跟水面拍上了，等于全是阻力，不可能借上劲。

入水和出刀是一个道理。

老前辈给刀上油的神态，宠物般爱得不得了，其实是训练自己不怕刀。不怕，很重要，监牢受刑，主要是精神摧残，弄得人抑郁疯癫，但渣滓洞出来的人，有的还长寿，就是心里不怕。

韩瑜有一位叫钱祥村的徒弟，文静的小伙子，职业是警察，考虑到他的职业具危险性，花招放身上，命就没了，所以教得谨慎，免得形成有违实战的习惯，别的徒弟有时间改过来，他不知道哪天出事，没时间改。

习武一年，突发事件显了身手，评为全国一级英模。

功夫就是把武技变成本能的东西，练习时每下都能做对，实战时能做出两下便不错了，得练大功夫，才能改变。有些人可能一辈子改不过来，老辈人选人才，看骨骼、看协调，更看他改习惯的能力。

河北形意宗师李洛农门下有八大弟子，不可能只教了八人，是这八人最合适练形意。有成材，也会有废材。

老辈人对武术有感情，年轻一代失去了这份感情，不按传统下功夫。教练员也取巧，急训舞蹈演员、体操运动员去参加武术套路表演赛，以姿势漂亮争胜；如果是推手的对抗项目，就去收铁匠、举重运动员，速成参赛，以蛮力博名。

把武术弄成混饭吃的东西，而武术本质是保人头的东西。

练武是苦功，不像喝酒越喝越兴奋。一伙年轻人热血沸腾地要结伴向韩伯言学，家里长辈有懂武术的，说：

“你们别去学了，你们学不会，受不了那苦。”

好多老前辈上了年纪吐血，因为还保持年轻时的训练强度，累得吐血，舍不得自己的好功夫。幸运得到的，容易放弃，苦里熬出来的放不下。

韩伯言向韩瑜言：“人要从没用的东西里挖掘出有用之物，不要吃嚼食，自己咀嚼消化，把老前辈经验穿在自己身上，哪些合适、哪些别扭，试衣服般比较，学拳就有滋味了。”

2013年11月18日定稿

后记

退身家史

徐皓峰

侯孝贤爱在自己电影里加上个帮会人物，《悲情城市》写黑帮家族，侯版《教父》。他的观念是，传统社会的男性符号系统破坏了，帮会残存点，所以值得一拍。

传统社会的男性系统，由国家祭祀、民间祠堂、忠烈堂、贤人墓构成。男性符号紊乱的时期，往往生乱，改朝换代都是从祭祀荒废开始。

武侠小说属于男性符号，神话武功，但不神话个人暴力，《史记》和《唐传奇》的刺客多是失败者。对“个人才智”也不认可，最高智商的诸葛亮、庞统都是倒霉蛋。有家族依托的人才能成为最终胜利者，《三国演义》有各路奇才，最后胜的是司马家族。

中国的男性符号有家族化特征，武侠背后是族谱，还珠楼主《蜀山剑侠传》、金庸《射雕英雄传》、古龙《七种武器》都是族谱式写作。写武侠，便是写家史。

写武侠，同时做纪实文学，已七八年了，因我大学受的训练是，有体验才有资格写作。以灵气弥补功力不足，比拼奇思妙想的形式感，在同学里有人气，受老师打击。我已人到中年，过年看望老师，还被提醒“别太相信灵感。要啃下一个时代”。

我下功夫的是民国武林，民国武术界和武侠小说的成长是同步的，武林不在山野而在都市，高手首先是城里人。国术馆按照西方中学模式办，中国自己的制度体系——武士会，按照商会、行会规则办。

现今的高手都是业余爱好者，因为没了武人阶层，拳术不是职业。武术世家的后人彼此见面，才有机会来点祖辈风范。

民国武侠小说作家平江不肖生本身习武，他的遗憾是一辈子文笔不好，对自己的文学水平绝望了。宫白羽文笔好，迫于生计写武侠小说，断了文学家的梦，屡次表示此生遗憾了。

老一代遗憾在文学，我们一代遗憾在文化。

人到中年，不敢想未来，因吃过畅想未来的苦。也不敢迷古典，孔子推崇商朝礼乐，听到商朝后裔宋国在搞复原，说，还不如让商朝礼乐彻底绝了，起码不误导后人。

传统一断便没法复原，没了，也比走样好。与其按楼市股市的模式重塑武林，让其成为一个赚钱机构或政绩装饰，不如让其灭亡，后人还会缅怀。

我们真的没法给后人留下古典，任其灭绝干净，就功德无量。我们是前无古人后无来者的一代，对现代化失望对传统隔阂，人生的出口是做做家史，讲讲爷爷一辈人。

2014 年 2 月 25 日